SEU
BALDE
ESTÁ
CHEIO?

DON CLIFTON
Pai da psicologia dos pontos fortes e criador do programa CliftonStrengths®

SEU BALDE ESTÁ CHEIO?

GALLUP®

Don Clifton e Tom Rath

SEXTANTE

Título original: *How Full is Your Bucket?*
Copyright © 2004, 2009 por Gallup, Inc.
Copyright da tradução © 2005, 2025 por GMT Editores Ltda.

Todos os direitos reservados. Nenhuma parte deste livro pode ser reproduzida sob quaisquer meios existentes sem uma autorização por escrito dos editores.

coordenação editorial: Juliana Souza

produção editorial: Carolina Vaz

tradução: Cristiana de Assis Serra e Ana Beatriz Rodrigues

preparo de originais: Regina da Veiga Pereira

revisão: Hermínia Totti, Luis Américo Costa,
Sérgio Bellinello Soares e Sheila Louzada

diagramação e adaptação de capa: Gustavo Cardozo

imagem da capa: © Simon Lee

capa: Chin-Yee Lai

impressão e acabamento: Associação Religiosa Imprensa da Fé

CIP-BRASIL. CATALOGAÇÃO NA PUBLICAÇÃO
SINDICATO NACIONAL DOS EDITORES DE LIVROS, RJ

R183s

Rath, Tom, 1975-
  Seu balde está cheio? / Tom Rath, Don Clifton ; tradução Cristiana de Assis Serra, Ana Beatriz Rodrigues. - 1. ed. - Rio de Janeiro : Sextante, 2025.
  144 p. ; 21 cm.

Tradução de: How full is your bucket?
Apêndice
ISBN 978-65-5564-972-7

1. Autorrealização (Psicologia). 2. Inteligência emocional. 3. Sucesso - Aspectos psicológicos. 4. Técnicas de autoajuda. I. Clifton, Don. II. Serra, Cristiana de Assis. III. Rodrigues, Ana Beatriz. IV. Título.

24-94018   CDD: 158.1
                  CDU: 159.923.2

Meri Gleice Rodrigues de Souza - Bibliotecária - CRB-7/6439

Todos os direitos reservados, no Brasil, por
GMT Editores Ltda.
Rua Voluntários da Pátria, 45 – 14º andar – Botafogo
22270-000 – Rio de Janeiro – RJ
Tel.: (21) 2538-4100
E-mail: atendimento@sextante.com.br
www.sextante.com.br

Em memória do meu avô, coautor e mentor,
Don Clifton (1924-2003)

Nota aos leitores

Em 2017, o Gallup mudou o nome do teste *StrengthsFinder* para *CliftonStrengths – Descubra seus pontos fortes* em homenagem a Don Clifton, criador do programa *CliftonStrengths*® e pai da psicologia dos pontos fortes.

Don Clifton
(1924-2003)

Criador do programa *CliftonStrengths*®
e homenageado com uma comenda presidencial da
Associação Americana de Psicologia como o pai
da psicologia dos pontos fortes.

SUMÁRIO

Prefácio	13
Introdução	17
A Teoria do Balde e da Concha	21
CAPÍTULO 1 **A negatividade pode ser fatal**	23
CAPÍTULO 2 **Positividade, negatividade e produtividade**	31
CAPÍTULO 3 **Valorize cada momento**	45
CAPÍTULO 4 **A história de Tom: quando o balde transborda**	63
CAPÍTULO 5 **Tem que ser pessoal**	71
CAPÍTULO 6 **Cinco estratégias para potencializar as emoções positivas**	77
Epílogo	93
Notas	95
Leituras recomendadas	100
Avaliação e relatórios atualizados	103
História do teste *CliftonStrengths* – *Descubra seus pontos fortes*	105
Sobre o Gallup	110
Agradecimentos	112
Apêndice: Um guia para aplicar *Seu balde está cheio?* em equipes e organizações	115

Prefácio

Desde a publicação da primeira edição de *Seu balde está cheio?*, em 2004, recebo mensagens de milhares de leitores. Há quem relate as melhores estratégias para aumentar o bem-estar, enquanto outras pessoas narram suas histórias de vida. O denominador comum entre essas mensagens é que as pessoas internalizaram a metáfora do balde, o que gerou um impacto duradouro na vida, no trabalho e nos relacionamentos de todas elas.

Infelizmente, centenas de leitores também relataram viver em um ambiente no qual seus baldes eram esvaziados constantemente. Algumas dessas pessoas estavam nesses ambientes e/ou relacionamentos tóxicos havia muito tempo. E como o problema era mais o acúmulo de momentos negativos do que um único incidente, não era possível encontrar um ponto de ruptura específico que as levasse a sair daquela situação. Entretanto, quando consideravam o efeito cumulativo de milhares de interações negativas diárias, esses leitores começavam a perceber os danos que isso lhes causara.

Essa negatividade constante, ou aquilo que nossas equipes de pesquisa no Gallup chamam de desinteresse ativo, é extremamente comum em locais de trabalho do mundo inteiro. Não se trata de um problema isolado, que acomete apenas alguns indivíduos. O desinteresse ativo dissemina-se rapidamente: uma pessoa negativa pode acabar com o bem-estar de colegas, clientes, amigos ou familiares. (Uma observação mais positiva: um estudo de 2008 ilustrou que a felicidade de uma pessoa provoca um impacto positivo naqueles que estão a até três graus de separação dela.)[1] É provável que o ambiente de trabalho caracterizado pelo desinteresse ativo seja prejudicial não apenas para a sua produtividade individual e a da sua equipe, como também para o bem-estar dos seus amigos e familiares.

Muitos leitores perguntaram, ao longo dos últimos anos, o que fazer em relação a um colega que está constantemente desinteressado. Sempre os aconselhei a tentar melhorar a situação, mas, se não der certo, evitar ao máximo a pessoa problemática. Eu achava que, para algumas pessoas, simplesmente não era possível evitar o desinteresse. Ocorre, porém, que eu estava enganado. Há alguns anos, o Gallup realizou um estudo que indica o contrário.

Nesse estudo, que já foi reproduzido várias vezes, realizamos uma pesquisa aleatória com mais de mil funcionários, perguntando-lhes se o gerente concentrava mais tempo e atenção:

a) nos pontos fortes dos funcionários
b) nos pontos fracos dos funcionários
c) ou em nenhuma das alternativas anteriores; o gerente ignorava os funcionários

Descobrimos que uma pessoa, especificamente o gerente, nesse contexto, pode eliminar quase *todo* o desinteresse ativo no local de trabalho concentrando-se com regularidade nos pontos fortes dos funcionários. Quando as pessoas relataram que seu gerente as ignorava, a probabilidade de desinteresse ativo por parte delas era de 40%. Quando o gerente se concentrava principalmente *nos pontos fracos* (e, presumivelmente, pelo menos estava prestando atenção), as coisas melhoravam, e a probabilidade de desinteresse era de apenas 22%. Porém, quando o gerente se concentrava *nos pontos fortes* de um funcionário, havia apenas 1% de chance de esse funcionário ser muito negativo ou ativamente desinteressado.

Os resultados dos estudos mostram que o desinteresse é um problema que tem solução. E um desafio que está sob nosso controle. Quando dedicamos tempo suficiente a focar nos pontos fortes daqueles que nos cercam diariamente, o ambiente inteiro muda.

Como você verá nas páginas a seguir, tudo começa com o foco *no que vai bem* em sua vida. E cada segundo importa.

– Tom Rath,
fevereiro de 2009

Introdução

No começo da década de 1950, meu avô, Don Clifton, dava aulas de psicologia na Universidade de Nebraska quando percebeu um problema grave: a psicologia focava quase inteiramente naquilo que vai *mal* na vida das pessoas. Ele começou a se perguntar se não seria mais importante observar o que vai *bem*.

Assim, nas décadas seguintes, Don e seus colegas conduziram milhões de entrevistas com foco no positivo, em vez de se concentrarem no negativo.

Logo no início das suas investigações, Don observou que nossa vida é moldada por nossas interações com os outros. Pode ser uma longa conversa com um amigo ou o simples ato de pedir comida em um restaurante – toda interação faz diferença. De fato, raramente saímos indiferentes dos nossos encontros; em geral, ficamos com uma boa ou má impressão. E, mesmo sem percebermos, essas impressões vão se acumulando e exercendo profundo impacto em nós.

Em 2002, o trabalho pioneiro de Don foi reconhecido pela Associação Americana de Psicologia, que o citou como o pai da psicologia dos pontos fortes. Naquele mesmo ano, Don descobriu que um câncer agressivo e terminal havia se espalhado por seu corpo. Consciente de que não lhe restava muito tempo, dedicou seus últimos meses de vida àquilo que fazia melhor: ajudar os outros a focar no positivo.

Don é coautor de vários livros[2] – entre eles o campeão de vendas *Descubra seus pontos fortes* – e me convidou para escrevermos juntos esta última obra, baseada numa teoria criada por ele na década de 1960. Havia muitos anos pediam a Don que escrevesse este livro, em virtude da popularidade de sua teoria – ela foi empregada, desde então, por milhares de organizações e por mais de 1 milhão de pessoas, que, por sua vez, a transmitiram para amigos, colegas e entes queridos.

Baseada na metáfora simples de uma concha e um balde, a teoria de Don tem implicações profundas, além de expressar, em termos simples, o trabalho de toda a sua vida. Nos seus derradeiros meses, Don e eu trabalhamos dia e noite na compilação das conclusões mais instigantes a que ele chegou no decorrer de mais de meio século de dedicação. Mesmo fazendo quimioterapia e radioterapia, sempre que ele tinha energia – ou seja, quase o tempo todo – nós nos dedicávamos ao livro.

Passávamos horas no seu escritório analisando pesquisas, estatísticas e histórias interessantes. À medida que a saúde de Don ia se deteriorando, eu lia trechos para ele e anotava seus comentários. Todas as partes do livro foram revisadas por ele, na esperança de que cada história e cada descoberta encontrassem eco junto aos leitores.

De minha parte, foi uma grande honra ser parceiro de Don na criação deste livro. Ele foi meu mentor, professor, exemplo de vida e amigo. Éramos muito próximos, e adorei cada momento que passamos juntos. Sua visão de mundo e sua teoria tornaram-se uma eterna fonte de inspiração e motivação para mim. Como descrevemos no Capítulo 4, a aplicação da Teoria do Balde e da Concha alimentou minha própria batalha contra o câncer – e, provavelmente, salvou minha vida.

Pensando agora, creio que este projeto também proporcionou a Don uma injeção de ânimo nos estágios finais de sua luta contra o câncer. Ele havia passado a vida toda tentando fazer do mundo um lugar melhor e acreditava que este livro contribuiria para isso. Terminamos nossa primeira versão poucas semanas antes de sua morte, em setembro de 2003.

Em seus 79 anos de vida, Don ajudou milhões de pessoas através de seus livros, das suas aulas e da empresa multinacional que fundou. Só conseguiu atingir tanta gente graças à sua crença inabalável na necessidade de auxiliar pessoas e empresas a se concentrarem no que vai *bem*.

Esperamos que, ao ler este livro, você também descubra o poder de ajudar os outros a se concentrarem no que vai bem na vida deles.

– Tom Rath,
março de 2004

A Teoria do Balde e da Concha

Todos nós possuímos um balde invisível que se enche ou esvazia o tempo inteiro, dependendo do que os outros nos dizem ou fazem. Quando o nosso balde está cheio, nos sentimos ótimos. Quando está vazio, ficamos péssimos.

Acontece que todo mundo possui também uma concha invisível. Sempre que a usamos para encher o balde dos outros – dizendo ou fazendo algo que reforce suas emoções positivas –, acabamos enchendo também o nosso próprio balde. Por outro lado, toda vez que utilizamos essa concha para esvaziar o balde de alguém – enfraquecendo suas emoções positivas –, acabamos esvaziando também o nosso balde.

Tal como uma taça que transborda, um balde cheio nos proporciona uma maneira positiva de ver as coisas e renova as nossas energias. Cada gota a mais dentro dele aumenta a nossa força e o nosso otimismo.

Um balde vazio, porém, envenena o nosso olhar, esgota as nossas forças e enfraquece a nossa vontade.

É por isso que sentimos dor sempre que alguém esvazia nosso balde.

É importante tomarmos consciência de que todos os dias, a cada momento, nos deparamos com uma escolha: podemos encher o balde uns dos outros ou esvaziá-lo. É uma escolha crucial, com sérias consequências para os relacionamentos, a produtividade, a saúde e a felicidade.

CAPÍTULO 1

A negatividade pode ser fatal

Quando começamos a escrever este livro, a primeira coisa que perguntei ao meu avô foi:
"Por que você resolveu estudar o que vai *bem* na vida das pessoas?"

Don respondeu, sem hesitação, que o estudo de um caso mudou o foco de toda a sua vida e de toda a sua carreira. Era uma história que, aparentemente, nada tinha de positiva ou inspiradora.

Logo após a Guerra da Coreia,[3] o major-médico William E. Mayer – que mais tarde viria a ser o principal psiquiatra do Exército dos Estados Unidos – teve a oportunidade de estudar mil prisioneiros de guerra americanos que haviam sido detidos num campo de concentração norte-coreano. Mayer estava muito interessado em examinar um dos casos mais extremos e eficazes de tortura psicológica de que já se tivera notícia – e que, por sua perversidade, exercera um efeito devastador sobre suas vítimas.

Os soldados americanos haviam ficado em campos que não eram considerados particularmente cruéis ou fora dos padrões. Os cativos recebiam alimentação, água e abrigos adequados e não eram submetidos às práticas de tortura física habituais da época, tais como a introdução de dardos de bambu sob as unhas. De fato, de todos os grandes conflitos militares da história moderna, os campos de concentração norte-coreanos foram os que tiveram menos casos de abuso físico registrados.

Por que, então, tantos soldados morreram naqueles campos? Apesar de não estarem cercados de arame farpado nem de haver guardas armados, nunca houve nenhuma tentativa de fuga. O que acontecia era surpreendente: os presos com frequência não só se voltavam uns contra os outros como estabeleciam grande aproximação com seus captores.

Quando os sobreviventes foram libertados e levados para a Cruz Vermelha japonesa, tiveram a possibilidade de telefonar para a família e avisar que estavam vivos. No entanto, pouquíssimos aproveitaram a chance.

Ao voltar para casa, os soldados não mantiveram nenhum vínculo de amizade ou relacionamento com seus companheiros de cativeiro. Nas palavras de Mayer, cada um daqueles homens encontrava-se "confinado numa verdadeira solitária (...) sem grades nem paredes".

Mayer havia descoberto uma nova doença nos campos de concentração: a doença do desamparo extremo. Não era incomum ver um soldado entrar na sua cabana com o olhar desesperado de quem chegou à conclusão de que não havia razão para lutar pela própria sobrevivência, sentar-se sozinho num canto, enrolado num cobertor, e, dois dias depois, ser dado como morto.

Os soldados batizaram de "desistite" o que, no jargão médico, era classificado como "prostração", ou, segundo Mayer, "passividade, falta de resistência".

Se os soldados apanhassem, se cuspissem neles ou os estapeassem, ficariam com raiva – e a raiva, ainda que fosse um sentimento negativo, lhes daria motivação para sobreviver. Sem motivação, contudo, eles simplesmente morriam, ainda que a medicina não encontrasse uma justificativa fisiológica para tais mortes.

Apesar da incidência relativamente mínima de tortura física, a "prostração" elevou o índice de mortalidade geral nos campos de prisioneiros norte-coreanos para incríveis 38% – o mais alto da história militar americana. Ainda mais assombroso foi o fato de metade desses soldados ter morrido, pura e simplesmente, por haver desistido. Entregaram-se por completo, em termos tanto mentais quanto físicos.

Como isso pôde acontecer?

A resposta está nas torturas psicológicas extremas empregadas pelos captores norte-coreanos, consideradas por Mayer "a pior arma possível" de guerra.

A pior arma possível

Mayer conta que o objetivo dos norte-coreanos era "negar aos homens o apoio emocional proveniente das relações interpessoais". Para tanto, utilizaram quatro táticas básicas:

- delação
- autocrítica
- ruptura da lealdade em relação aos líderes e à pátria
- inviabilização de qualquer apoio emocional positivo

A fim de estimular as delações, os norte-coreanos premiavam os prisioneiros – com cigarros, por exemplo – sempre que deduravam os companheiros. Entretanto, nem o transgressor nem o soldado que o denunciava eram punidos, pois não era este o objetivo dos captores ao encorajarem essa prática. Sua intenção era mitigar as relações e jogar os homens uns contra os outros.

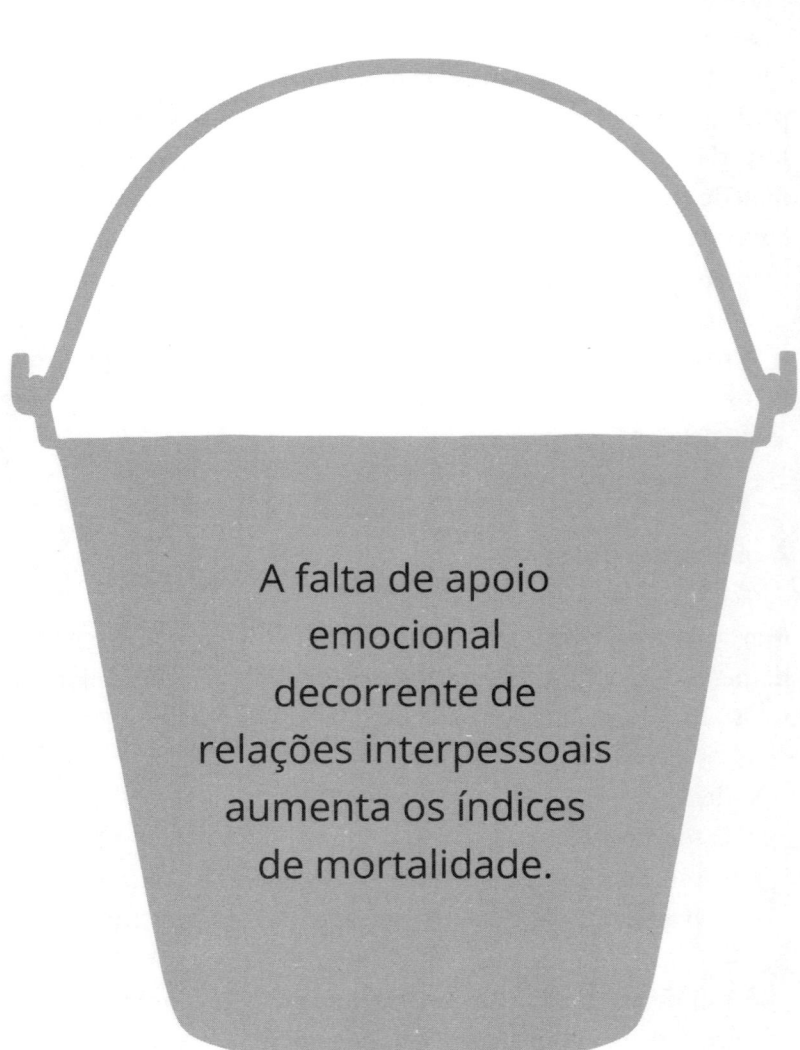

Eles acreditavam que os soldados seriam capazes de prejudicar os próprios camaradas se fossem estimulados a esvaziar o balde dos colegas todos os dias.

A fim de promover a autocrítica, os norte-coreanos reuniam grupos de dez ou doze soldados para o que Mayer denominou de "psicoterapia de corrupção de grupo". Em cada sessão, os homens tinham que ir para a frente do grupo e confessar *tudo o que tivessem feito de ruim*, bem como *tudo de bom que poderiam ter feito mas não fizeram*.

O principal aspecto dessa tática era o fato de a "confissão" dos soldados ser dirigida não aos norte-coreanos, mas aos seus pares. Por meio dessa erosão sutil e constante do cuidado mútuo, da confiança, do respeito e da aceitação social entre os soldados americanos, os norte-coreanos criaram um ambiente em que os baldes de boa vontade eram submetidos a uma drenagem sistemática e implacável.

A terceira tática importante dos captores consistia na ruptura da lealdade aos líderes e à pátria. Isso era feito sobretudo mediante o solapamento paulatino e inexorável da fidelidade dos soldados em relação aos seus superiores.

As consequências foram desastrosas. Houve o caso, por exemplo, de um coronel americano que instruiu um de seus homens a não beber a água de um campo de arroz alagadiço, pois sabia que os microrganismos ali existentes poderiam ser fatais. O soldado retorquiu: "Cara, você não é mais coronel de coisa nenhuma aqui, não passa de um prisioneiro feito eu. Cuida do que é seu que eu cuido do que é meu" – e morreu de disenteria alguns dias depois.

Em outra ocasião, quarenta homens não moveram uma palha quando três de seus companheiros, moribundos, foram jogados para fora de sua cabana por outro americano e abandonados para morrer ao relento. E por que não fizeram nada para ajudá-los? Porque "não era sua obrigação". Não havia vínculos, e os soldados simplesmente não se preocupavam uns com os outros.

A tática de impedir todo e qualquer apoio emocional positivo, ao mesmo tempo impregnando os soldados de emoções negativas, constituía talvez um processo de *esvaziamento de balde em sua forma mais pura e perversa*. Se um soldado recebesse uma carta reconfortante da família, os norte-coreanos a retinham. Todas as cartas negativas, porém (aquelas que informavam o falecimento de um parente ou em que a esposa avisava que havia desistido de esperar a volta do marido e ia se casar com outro), eram imediatamente encaminhadas aos soldados. Os captores chegavam ao requinte de entregar contas vencidas.

Os efeitos eram devastadores: os soldados perdiam a razão de viver e viam-se destituídos de fé em si mesmos, nos seus entes queridos, em Deus e em seu país.

Nas palavras de Mayer, os norte-coreanos induziram os soldados americanos a "uma espécie de isolamento emocional e psicológico sem precedentes".

O estudo da positividade

Impressionados com essa história[4] de tortura e privação psicológica – e talvez motivados pela esperança de fazer com que aqueles soldados não tivessem sofrido ou morrido em vão –, Don Clifton e seus colaboradores resolveram estudar o outro lado dessa equação tenebrosa. Afinal, se as pessoas podem ser literalmente destruídas por um reforço negativo implacável, será que não poderiam se deixar enaltecer e inspirar por níveis similares de positividade?

Em essência, a questão era:

Será que o impacto da positividade pode ser mais forte que o da negatividade?

CAPÍTULO 2

Positividade, negatividade e produtividade

A maioria das pessoas jamais se verá submetida ao tipo de tortura psicológica sofrida pelos prisioneiros americanos durante a Guerra da Coreia. No entanto, todos os dias vivenciamos interações positivas e negativas que influenciam nossos sentimentos e nosso modo de agir. Mesmo que sejam banais e rotineiras, essas interações têm importância – muita. Embora não nos matem, nossas experiências negativas acabam mitigando, de forma lenta e inexorável, nosso bem-estar e nossa produtividade. Felizmente, as experiências positivas, que enchem o nosso "balde", podem ser ainda mais poderosas.

Baldes cheios nas organizações

Para conseguir um ambiente de trabalho em que todos estejam com o "balde cheio", é preciso ir muito além do reconhecimento e do elogio, ainda que ambos sejam componentes cruciais para a geração de emoções positivas nas organizações. Para comprovar isso, entrevistamos mais de 15 milhões de profissionais de todo o mundo. De acordo com os dados coletados,[5] as pessoas que recebem reconhecimento e elogios com regularidade:

- são mais produtivas
- se envolvem mais com os colegas
- têm mais probabilidade de permanecer na organização
- recebem dos clientes notas melhores em termos de fidelidade e satisfação
- apresentam um histórico de segurança melhor e sofrem menos acidentes de trabalho

Para entender o que estou dizendo, pense na maior demonstração de reconhecimento que você já recebeu na sua vida profissional. Provavelmente, você passou a apreciar mais a sua empresa – o que, por sua vez, aumentou a sua produtividade. Níveis elevados de reconhecimento e elogio promovem transformações imediatas no ambiente de trabalho – e basta uma única pessoa para infundir emoções positivas num grupo inteiro, se começar a encher cada balde com mais frequência. Há estudos[6] que mostram que, quando um líder compartilha emoções positivas, sua equipe também fica mais bem-humorada, mais satisfeita com o trabalho, demonstra mais envolvimento e tem um desempenho coletivo melhor.

Ken, um conhecido nosso que é CEO de uma empresa, costuma dizer que sua arma secreta como líder é manter os baldes cheios. Para isso, ele desenvolveu táticas muito precisas para incrementar as emoções positivas na organização de grande porte que comanda. Em viagens frequentes por todo o mundo, ele faz questão de visitar suas filiais não para "espionar" seu pessoal ou se reunir apenas com a alta gerência. Seu objetivo básico é dar uma injeção de ânimo geral em todos os funcionários.

Antes de mais nada, Ken os cumprimenta pelos êxitos e conquistas nos últimos meses. Sua primeira providência ao desembarcar é fazer uma visita informal aos responsáveis a fim

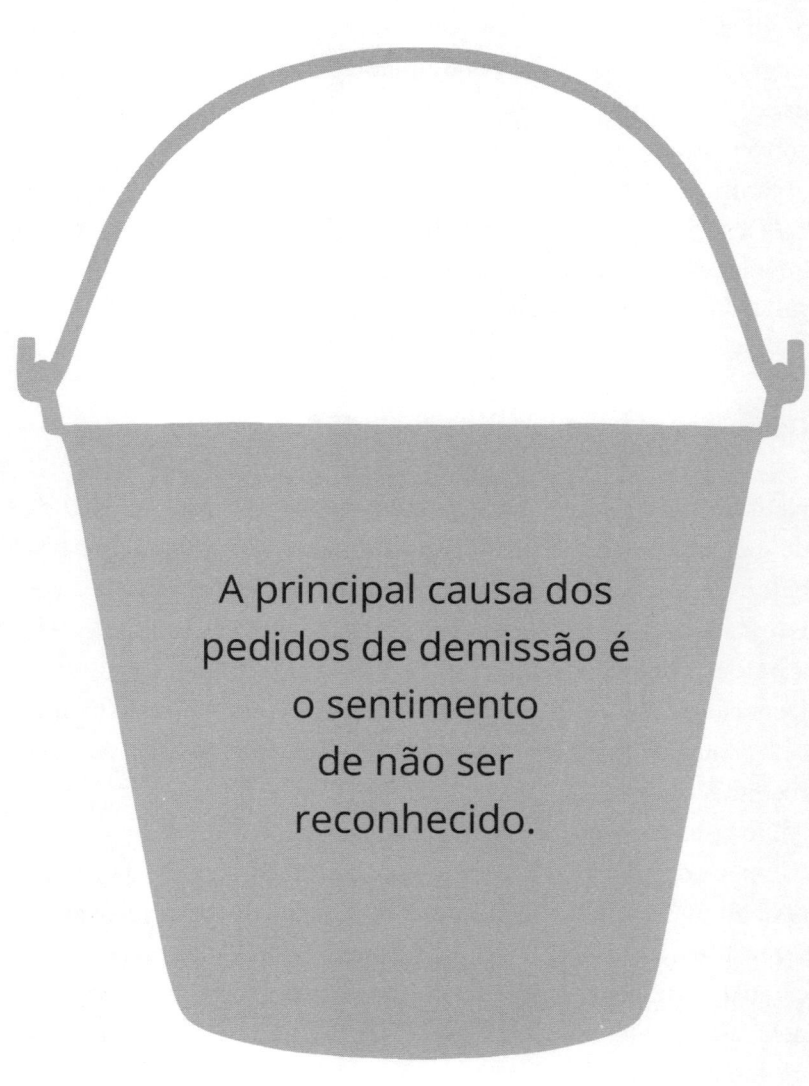

de parabenizá-los. Também felicita quem se casou, quem teve filho há pouco tempo ou fez uma grande apresentação. Sua frase predileta é: "Tenho ouvido coisas ótimas a seu respeito." Ken se alegra ao notar que, depois de plantada a semente da positividade, "a energia se espalha". Ele percebeu que bastam algumas conversas breves – mas muito positivas – para revigorar uma organização inteira.

"Descobri que encher o balde é uma poderosa estratégia de liderança", relata. Graças a essa abordagem, milhares de seus subordinados encontram nele orientação e motivação.

Como acabar com a produtividade

Naturalmente, existe o outro lado da moeda. Não há dúvida de que a maioria das pessoas não se sente reconhecida no trabalho nem dá ou recebe a quantidade de elogios que deveria. Isso as leva a se tornar menos produtivas e, em muitos casos, a perder completamente o interesse pelo trabalho. Segundo o Departamento de Trabalho dos Estados Unidos,[7] a principal causa dos pedidos de demissão é o sentimento de "não ser reconhecido".

No entanto, o problema não acaba aqui.

Uma pesquisa realizada com profissionais da área da saúde[8] revelou que quem trabalha com um chefe de que não gosta apresenta pressão arterial significativamente mais alta. Segundo o cientista britânico George Fieldman, essa hipertensão provocada pela falta de entrosamento com o chefe pode aumentar em 16% o risco de doenças coronarianas e em 33% o de acidente vascular cerebral (AVC).

"Verificou-se um aumento significativo dessas doenças, em termos tanto estatísticos quanto clínicos, durante o período em

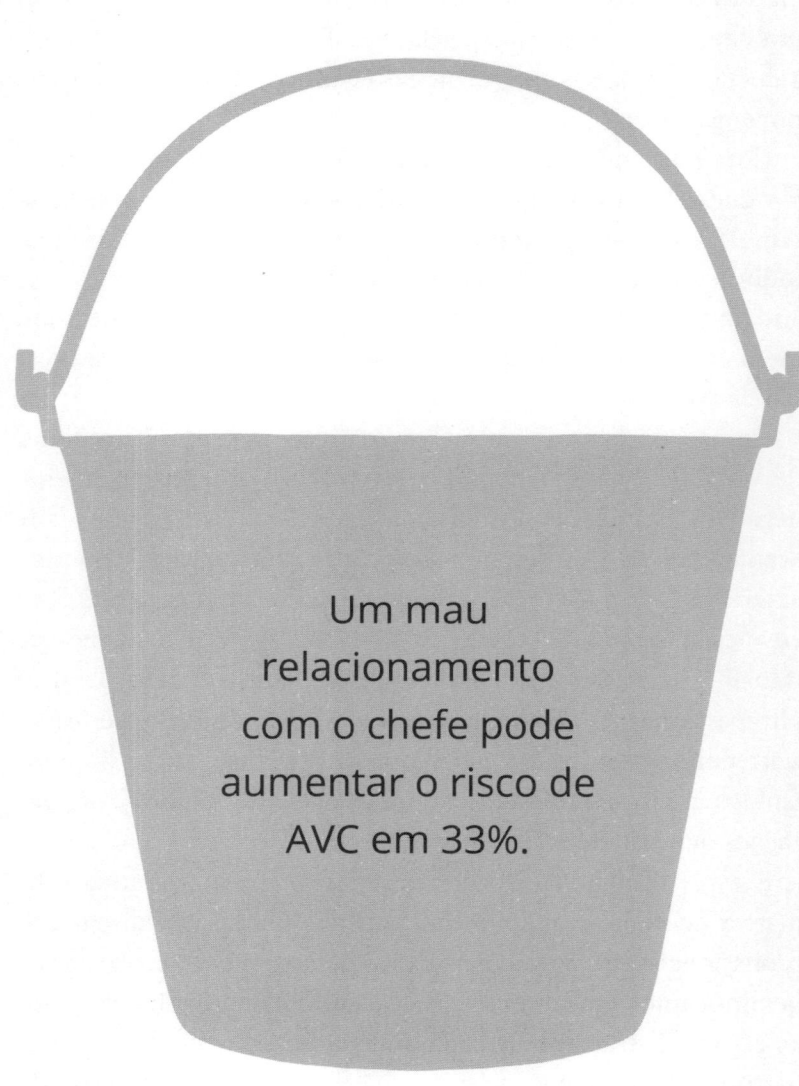

que as pessoas conviveram com um chefe de que não gostavam", diz Fieldman, que é psicólogo. "Quem trabalha anos a fio com um chefe que detesta provavelmente ficará bastante vulnerável a doenças cardíacas, em virtude do aumento da pressão arterial no longo prazo."

Com relação à produtividade, seria preferível para as empresas que seus funcionários excessivamente negativos não saíssem de casa, pois quando aparecem para trabalhar contaminam todo o ambiente. Conhecemos gente assim: são aqueles que andam pelo escritório com o olhar vidrado ou vão de mesa em mesa armando confusão com queixas, reclamações e até acessos de paranoia.

De acordo com as nossas estimativas, mais de 22 milhões de trabalhadores (só nos Estados Unidos) são extremamente negativos ou mostram um "desinteresse ativo". Essa negatividade acentuada é não só desanimadora, mas *cara:* custa à economia americana entre 250 e 300 bilhões de dólares todos os anos,[9] só em perda de produtividade. Se acrescentássemos acidentes de trabalho, licenças médicas, rotatividade, faltas e fraudes, o custo ultrapassaria 1 trilhão por ano, ou quase 10% do PIB americano. Entretanto, esses custos não são uma prerrogativa dos Estados Unidos; foram encontrados em todos os países, setores e organizações que estudamos, em variados graus.

E esses resultados são conservadores. Para fazer uma estimativa acurada, contabilizamos apenas o impacto direto dos profissionais que apresentam "desinteresse ativo" no trabalho; quantificamos a produtividade – ou falta dela – restringindo-nos ao espaço de trabalho de cada um. Na nossa análise dos dados, partimos do princípio de que cada funcionário desinteressado limita-se a ficar sentado no seu cubículo e não sai causando estragos em todo o ambiente – o que é altamente improvável, é claro. Todos os dias, a maioria dos profissionais desinteressados

O custo do desinteresse:
250 a 300 bilhões
de dólares todos
os anos.

toma uma série de atitudes que acabam carregando outros para o mesmo buraco.

Queda livre

Para ilustrar melhor esses números, eis um exemplo do efeito de uma pequena dose de negatividade. Será que a história de Laura lhe soa familiar?

> *Lá estava eu, na frente de todos, pronta para começar a melhor parte da minha apresentação. Tinha ficado acordada até tarde duas noites seguidas me preparando. Eu sentia ter total domínio do assunto – era, aliás, um tema que me instigava – e queria que tudo saísse perfeito. Além disso, desejava muito causar uma boa impressão no meu chefe e nos meus colegas. Estava correndo tudo bem, fui passando os primeiros slides, até que houve uma falha no equipamento e, enquanto o problema não era resolvido, todos começaram a conversar.*
>
> *Foi aí que entreouvi Mike cochichando para Beth que era óbvio que eu tinha saído para beber na noite anterior. Tive vontade de passar por cima da mesa e estrangulá-lo. Eu parecia tão mal assim? Procurei não perder a compostura, mas fiquei abalada.*
>
> *Quando ajustaram o equipamento, eu me esforcei desesperadamente para reconquistar a atenção da plateia, mas minhas inseguranças dispararam. Será que o começo tinha sido tão chato que ninguém mais queria ouvir o restante? Ou era a minha aparência que estava ruim a ponto de abalar minha credibilidade?*

> *Quando percebeu que eu estava a ponto de ter um troço, o meu chefe tentou redirecionar a atenção de todos. Só que, infelizmente, ele achou que seria uma boa ideia dizer isto: "Pessoal, a Laura está ficando chateada. Acho melhor todo mundo prestar atenção." Ai... às vezes não dá para acreditar no que as pessoas têm coragem de dizer em voz alta. Toda a confiança que eu tinha juntado para fazer aquela apresentação evaporou, e dali por diante foi tudo ladeira abaixo.*

Todos nós já passamos por situações em que parece que nada vai dar certo, não importa o que a gente diga ou faça. Parece até que tudo o que os outros querem é puxar o nosso tapete, e só conseguimos ver os nossos pontos fracos. Não é difícil desabar quando estão esvaziando o nosso balde.

Nessas circunstâncias, não só ficamos para baixo como nossa produtividade também despenca – e, pior, acabamos arrastando outras pessoas junto, porque nossa tendência é esvaziar o balde delas também. Quando interagimos com as pessoas estando deprimidos, elas logo captam a negatividade que estamos irradiando e se deixam afetar. Não dá para disfarçar – pelo contrário, a negatividade é extremamente contagiosa. Uma ou duas pessoas são suficientes para intoxicar um local de trabalho inteiro.

Receita para afugentar clientes

Não é de admirar que equipes de trabalho exauridas pelo excessivo esvaziamento de baldes sejam não só menos produtivas e lucrativas como também apresentem uma rotatividade mais elevada, uma incidência maior de acidentes de trabalho e menores índices de satisfação dos clientes, de inovação e de qualidade.[10]

Além do mais, funcionários negativos afugentam os clientes. Pense só na última vez em que você ligou para um serviço de atendimento ao cliente e não se sentiu bem tratado. Depois dessa experiência, provavelmente prometeu a si mesmo nunca mais usar os serviços daquela empresa. Pior ainda, se de fato ficou irritado, talvez tenha comentado com outros e recomendado que eles também deixassem de procurar a empresa. Esse é o prejuízo que um funcionário negativo pode causar a qualquer organização.

Investigamos o possível impacto de um único funcionário sobre os clientes, estudando 4.583 atendentes do serviço de atendimento de uma grande empresa de telecomunicações. Descobrimos que três deles afugentaram *todos os clientes* que atenderam num determinado dia – clientes que não voltaram mais. É muito grave quando funcionários esvaziam o balde dos clientes.

Seria melhor para a empresa pagar para aqueles três ficarem em casa.

Felizmente, nosso estudo identificou também sete atendentes que conquistaram *todos os clientes* com quem falaram. Pode ser que você já tenha tido a sorte de ser atendido por alguém assim – alguém que escutou o seu problema, mostrou que entendeu o que ouviu, cuidou prontamente dos seus interesses e deu-lhe a impressão de que se importava de fato com você e queria resolver seu problema. Você não teve vontade de comentar com os outros sobre esse atendimento de primeira? Não continua sendo um cliente dessa empresa até hoje?

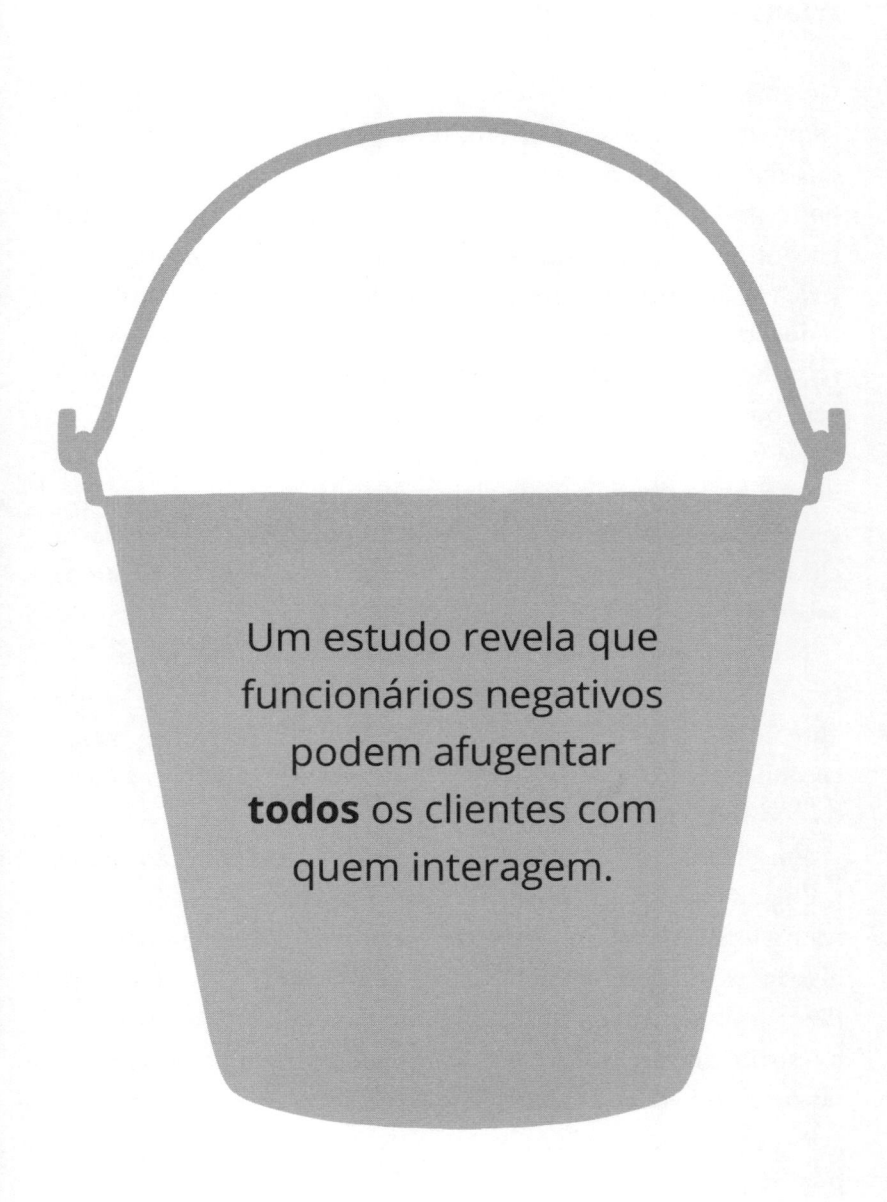

Um estudo revela que funcionários negativos podem afugentar **todos** os clientes com quem interagem.

A falta de reconhecimento

Gerentes, tomem nota: *elogios são um artigo raro na maioria das empresas*. Para nosso espanto, uma pesquisa revelou que 65% dos funcionários não recebem qualquer reconhecimento pelos bons serviços prestados durante todo o ano anterior. E nunca encontramos alguém que se queixasse de *reconhecimento excessivo*. Não admira que tantos empregados se mostrem desinteressados: embora todos tenham a necessidade e o desejo de serem reconhecidos e elogiados, isso nem sempre acontece – com graves consequências para as empresas.

Na maior parte das vezes, as organizações adotam programas de reconhecimento porque alguém da alta gerência resolve que cerimônias mensais ou quinzenais de premiação vão ajudar a elevar o moral dos funcionários. Parece lógico, não? Chegamos assim ao bom e velho "Funcionário do Mês".

Nos primeiros meses, o programa pode até funcionar. Em geral há pelo menos alguns funcionários que há muito tempo apresentam um desempenho excepcional e merecem maior reconhecimento – são esses astros que recebem primeiro a devida chuva de elogios em público.

Em pouco tempo, entretanto, a gerência começa a enfrentar a dúvida inevitável: *Quem deve ser o próximo Funcionário do Mês?* Depois de muito pensar, os executivos acabam escolhendo alguém, e um gerente de sorte terá que pegar o microfone para dizer um punhado de coisas simpáticas – e não raro insinceras – a respeito do agraciado. E o episódio todo acaba parecendo uma farsa, tanto para o "ganhador" quanto para o apresentador.

No fim das contas, todos – não importando o mérito – acabam sendo nomeados Funcionário do Mês em algum momento. Todos acabam tendo o seu retrato sorridente pendurado num quadro na recepção, só que o processo é mais de fachada, e todo mundo sabe disso. Quem acaba se sentindo pior, naturalmente, são os últimos funcionários a receber o título. É impossível não se sentir mal. A gerência esperou meses, talvez até mais de um ano, para elogiar seu "bom trabalho". Provavelmente, é a mesma sensação de ser o último escolhido para o time de vôlei da escola.

Evidentemente, algumas empresas conseguem proporcionar aos funcionários reconhecimentos individualizados, merecidos e significativos. (No Capítulo 6, daremos sugestões de como fazer isso na sua organização.)

Quando o balde dos profissionais é preenchido de forma significativa e com sinceridade, o moral da empresa dispara. Os gerentes e funcionários que procuram disseminar emoções positivas, mesmo em pequenas doses, logo notam a diferença. E fazer essa diferença não só custa pouco como pode sair até de graça. Basta ter um pouco de iniciativa.

CAPÍTULO 3

Valorize cada momento

Dificilmente paramos para avaliar o impacto das nossas interações mais breves. Entretanto, passamos literalmente por centenas de momentos decisivos todos os dias, como mostra o caso de Tammy, mãe solo de três crianças.

> *O meu dia começa com o corre-corre de sempre. Enquanto tento me aprontar para o trabalho, as crianças pedem o café da manhã. Meu filho de 8 anos e minha filha de 11 se contentam com cereal, mas a pequenininha, de 6, exige torrada com pasta de amendoim e banana. Acabo cedendo e preparando a torrada que ela quer, e nos sentamos rapidinho para comer. Depois da primeira mordida, a torrada cai no chão – e com o lado da pasta para baixo, é claro. O irmão grita: "Olha o que você fez!", e a irmã mais velha completa: "É para comer, não para jogar no chão, idiota!" Eu então interfiro, dizendo o que ela já está careca de saber: que, da próxima vez, é para ter mais cuidado.*

Imagine como deve ser estar na pele da garotinha de 6 anos nesse momento. Como seria se Tammy tivesse parado um pouco, respirado fundo e dado à filha algum estímulo positivo, em vez de reforçar a reclamação? O dia de Tammy prossegue:

> *Finalmente consigo deixar as crianças na escola – chegamos em cima da hora. No estacionamento da empresa onde trabalho, tenho a impressão de ter tirado a sorte grande: pela primeira vez nos últimos tempos, encontro uma vaga livre logo na entrada. Acelero um pouco, para chegar na frente de eventuais concorrentes que estejam nas proximidades – e, claro, no momento em que me aproximo, outra motorista tem a mesma ideia. Apesar de ter chegado primeiro, resolvo ceder o lugar e paro nos fundos do estacionamento. Aí, ao me aproximar do elevador, acontece uma coisa incrível: a outra motorista está à minha espera e abre a porta para eu passar; apresenta-se, me agradece pela gentileza, e acabamos conversando um pouco.*

Num curto intervalo de tempo, as duas encheram seus baldes. Tammy prossegue:

> *Entro no escritório, me sento no meu cubículo nada espetacular e dou uma olhada no calendário. Tenho um compromisso às 10 horas: "Avaliação de desempenho com Bill." Meu estômago parece se revirar; tenho vontade de voltar correndo para casa e mandar avisar que estou doente. Sei exatamente o que significa essa avaliação de desempenho. Bill, o meu chefe, deve ter conversado com meus colegas ontem e perguntado quais seriam, na opinião deles, as minhas "oportunidades de aprimoramento". É*

> *óbvio que a reunião confirma as minhas suspeitas: Bill preparou uma lista de oito pontos que devo buscar melhorar nos próximos seis meses. Não menciona nenhum ponto positivo ou realização recente minha, embora na semana passada eu tenha trabalhado mais de setenta horas para terminar uma proposta importante. Depois de uma conversa que parece durar uma eternidade, saio da sala dele de mau humor, me perguntando que raios ainda estou fazendo nessa empresa.*

Não foi preciso muito tempo para Bill esvaziar o balde de Tammy. Mas o dia ainda não terminou.

> *Mais tarde, no corredor, encontro Karen, uma das altas executivas da empresa que trabalhou um pouco comigo na proposta da semana passada. Quando nos cruzamos, ela diminui o passo e me cumprimenta: "Oi, Tammy. Olha, queria dizer que você fez um ótimo trabalho na parte final da nossa proposta." Fico perplexa por ela ter lembrado como prefiro ser chamada. Quase todos os meus colegas de trabalho insistem em usar meu nome inteiro, Tamara.*

Se Karen tivesse ficado só no "Oi, Tammy", já teria sido bom. Mas seu elogio à proposta fez com que Tammy ganhasse o dia: seu balde se encheu rapidamente. E o mais interessante é que, para Karen, talvez tenha sido apenas um comentário casual; provavelmente ela nem se deu conta do impacto positivo da sua observação.

Nossa cultura negativa

Quase todo mundo quer nutrir mais emoções positivas. Queremos nos sentir como Tammy em seu breve encontro com Karen – e não depois da avaliação de desempenho com Bill. Infelizmente, desejar um ambiente mais positivo não é suficiente. A maioria de nós foi criada numa cultura em que é muito mais fácil apontar o que os outros fizeram de errado do que elogiá-los por seus êxitos. Essa propensão à negatividade evoluiu de forma não intencional, mas está inserida em vários níveis da nossa sociedade.

Esse foco no que está errado fica particularmente evidente no universo escolar. Em vez de valorizar o que cada criança tem de único e especial, a maioria dos pais força os filhos a se "enquadrarem", sem perceberem que, apesar das suas boas intenções, com isso anulam a individualidade e estimulam a conformidade.

Por sua vez, as escolas – construídas em torno de uma grade horária imposta aos alunos independentemente de seus interesses ou talentos naturais – só fazem reforçar esse modo de pensar. Quando uma criança vai bem numa matéria e tira 10, o que acontece? Em vez de reconhecer que o 10 é decorrente do interesse da criança por aquela matéria e procurar desenvolver as áreas para as quais ela demonstra maior aptidão, professores e pais focam em se preocupar com as notas mais baixas do boletim. Poucos diretores ou coordenadores têm o hábito de chamar os estudantes "para uma conversinha" sobre suas notas excepcionais.

Uma pesquisa do Gallup entrevistou pais e mães de diversos países e culturas para comparar a ênfase que dão às melhores notas de seus filhos com o peso que dão às piores notas. A pergunta era a seguinte: "Seu filho chega em casa com as seguintes notas: Gramática e Literatura, 10; Estudos Sociais, 10; Biologia, 7;

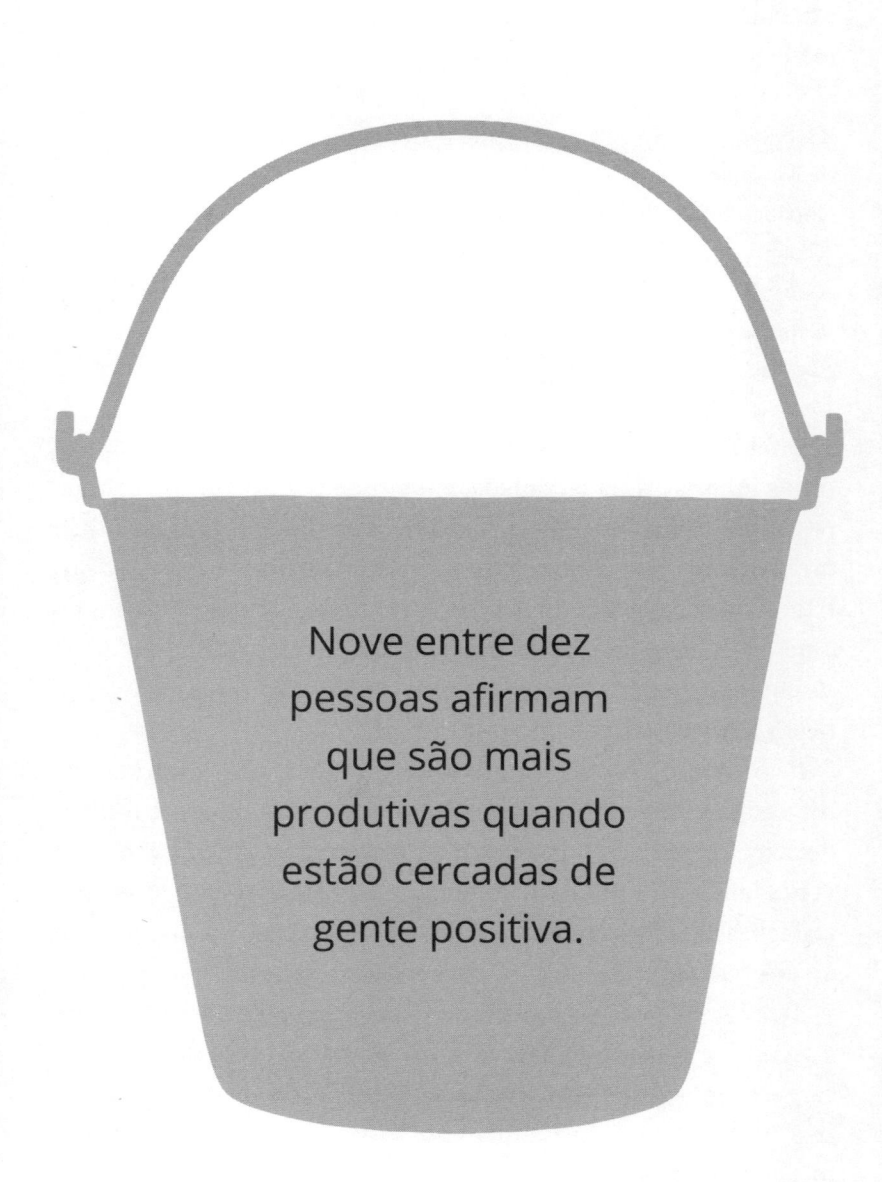

Nove entre dez pessoas afirmam que são mais produtivas quando estão cercadas de gente positiva.

Matemática, 0. Para que nota você deve dar maior atenção?" A maioria dos pais escolheu o 0.

PAÍS	Focado no 10	Focado no 0
Reino Unido	22%	52%
Japão	18%	43%
China	8%	56%
França	7%	87%
Estados Unidos	7%	77%
Canadá	6%	83%

Infelizmente, os pais se empenham mais em lutar para que os filhos ingressem na faculdade, em vez de considerarem, primeiro, o que é melhor para o seu desenvolvimento. Isso não quer dizer que se deva ignorar um 0 em matemática – mas por que não começar colocando um foco positivo nas notas mais altas *antes* de passar às estratégias para melhorar o 0? Quando as discussões já começam valorizando o lado positivo, as conversas ficam mais produtivas.

Pelo menos, depois da formatura, quando vão ingressar no mercado de trabalho, os estudantes encontram a oportunidade de fazer o que *querem*, não é? É o momento de se dedicar às suas verdadeiras paixões. Bem, talvez isso aconteça com alguns poucos felizardos. Infelizmente, o primeiro emprego da maioria dos jovens não tem relação com seus talentos naturais.

Tente se lembrar do seu primeiro emprego e veja se a descrição a seguir lhe parece familiar: uma vez contratado para determinado cargo, exigiram que você *mudasse* seu modo de ser para se enquadrar na função que lhe destinaram. Se você resistiu, provavelmente foi submetido a um programa de treinamento, com a finalidade de "resolver o problema". A ênfase nos pontos fracos nos persegue ao longo de toda a vida, da escola ao trabalho.

Falha nossa

Há mais de oitenta anos, os campos da educação e da psicologia fizeram vista grossa para um estudo de suma importância, cujas implicações talvez tivessem mudado o foco das nossas avaliações – e, desde então, vínhamos persistindo no erro.

O estudo, conduzido pela Dra. Elizabeth Hurlock em 1925,[11] explorou o que acontecia quando alunos do quarto e do sexto ano recebiam diferentes tipos de retorno sobre seu desempenho nas aulas de matemática. Hurlock queria descobrir o que era mais eficaz: elogiar, criticar ou ignorar os alunos. O resultado dependeria da quantidade de questões que o aluno conseguisse responder, respectivamente, dois, três, quatro e cinco dias depois.

As crianças do primeiro grupo foram identificadas pelo nome e elogiadas diante de toda a turma pelo excelente desempenho. As do segundo grupo também foram designadas pelo nome diante da classe, mas dessa vez para serem criticadas pelos maus resultados. As do terceiro grupo foram completamente ignoradas, mas presenciaram os elogios e as repreensões recebidos pelas demais.

Tanto os alunos do grupo "elogiado" quanto os do grupo "criticado" se saíram melhor no primeiro dia. Depois, verificou-se uma mudança radical no desempenho. Os que foram criticados apresentaram uma queda acentuada nas notas, e no terceiro e no quarto dias seus resultados já haviam se igualado aos dos estudantes que tinham sido completamente ignorados.

Em contrapartida, os estudantes que foram elogiados deram um salto qualitativo depois do segundo dia, mantendo-o até o fim do estudo. No quinto dia da experiência, o grupo dos elogiados exibia um desempenho sem dúvida melhor do que os demais. A melhoria geral por grupo foi a seguinte:

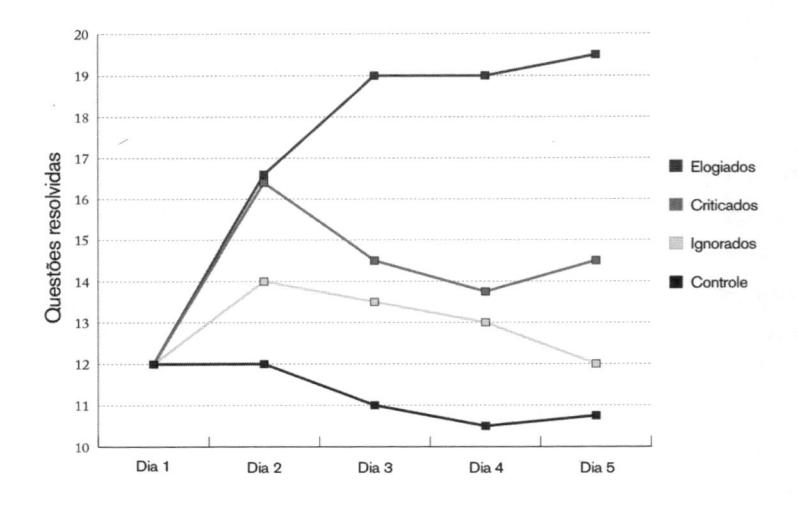

Elogiados: 71%
Criticados: 19%
Ignorados: 5%

Seria de esperar que esse estudo provocasse um grande rebuliço entre psicólogos e educadores. Nada disso. Até pouco tempo atrás, a comunidade científica concentrava-se quase que exclusivamente no estudo dos efeitos das experiências negativas ou traumáticas. Só agora esse foco mudou. Algumas das mentes acadêmicas de maior destaque do mundo estão se dedicando à análise dos efeitos das emoções positivas.

Esses estudos recentes mostram que as emoções negativas podem não só ser prejudiciais para a nossa saúde como até reduzir a expectativa de vida. Já vimos que basta uma pessoa negativa para arruinar um ambiente de trabalho inteiro. Da mesma forma, as emoções negativas podem destruir relacionamentos, famílias e carreiras promissoras.

Por outro lado, outras descobertas sugerem que *as emoções*

positivas são um pré-requisito essencial e diário para a sobrevivência, melhorando nossa saúde física e mental e proporcionando um escudo contra a depressão e doenças.

Milhares de momentos todos os dias

Segundo Daniel Kahneman,[12] cientista ganhador do Prêmio Nobel, todos passamos por aproximadamente *20 mil momentos diferentes por dia*. Cada um desses "momentos" dura apenas alguns segundos. Se você parar e pensar em qualquer lembrança intensa (positiva ou negativa), vai perceber que a imagem que lhe vem à mente registra um ponto preciso no tempo. Vai notar também que os momentos memoráveis são quase sempre positivos ou negativos – raramente um encontro neutro se fixa na sua mente. Há casos em que um único encontro é capaz de mudar uma vida para sempre.

Katie Couric, do programa de televisão *Today*, certa vez entrevistou[13] um jovem chamado Brian Bennett que havia crescido num ambiente problemático e abusivo: teve dificuldades na escola e apanhava desde pequeno. Hoje, Brian é um adulto bem-sucedido e bem adaptado. Quando Couric lhe perguntou: "A que você atribui isso?", o jovem respondeu sem titubear: "O momento-chave da minha vida foi quando uma professora do ensino fundamental me disse que gostava de mim e acreditava no meu potencial." Bastou aquela breve interação para Brian Bennett dar a guinada que mudou sua vida.

Perguntamos também a Kristin, uma consultora administrativa, qual havia sido o maior reconhecimento que ela recebera. A resposta: "Três palavras num e-mail." Kristin então contou que, por ocasião da morte de sua mãe, uma pessoa a quem ela admirava profundamente desde o início de sua vida profissional escreveu-lhe uma mensagem

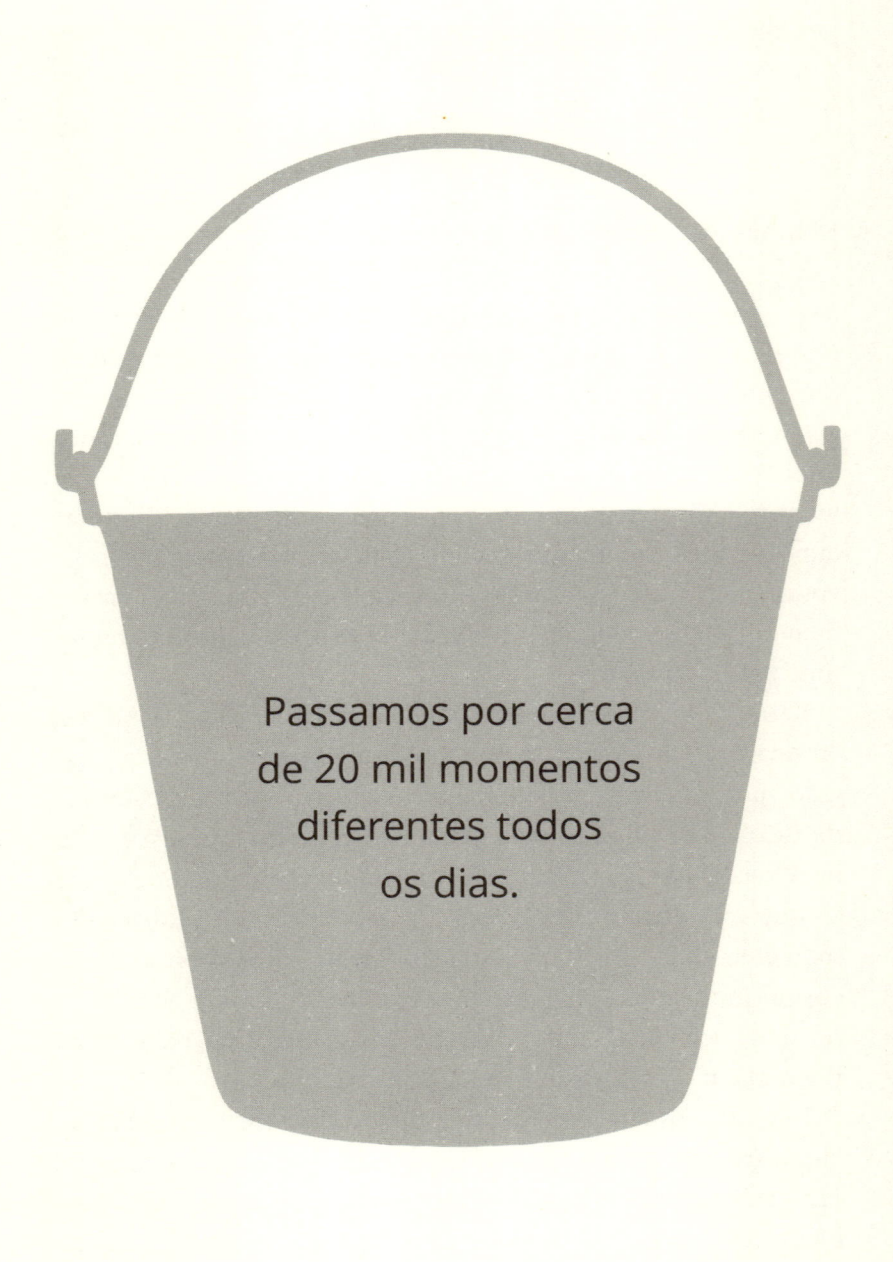

Passamos por cerca de 20 mil momentos diferentes todos os dias.

que terminava com as seguintes palavras: "Sua mãe tinha muito orgulho de você, *assim como eu*." Depois de 25 anos na empresa, essas três palavrinhas tiveram mais significado do que qualquer outro reconhecimento recebido por Kristin em toda a sua vida.

A razão mágica

De um modo ou de outro, todos nós temos alguns desses momentos marcantes na vida. Mas mesmo interações menos marcantes têm importância. Especialistas vêm constatando, por exemplo, que há uma *frequência* ideal de breves atos positivos. A pesquisa pioneira de John Gottman[14] sobre casamentos descobriu a "razão mágica" de cinco para um. Os casamentos apresentam uma probabilidade significativamente maior de serem bem-sucedidos quando para cada interação negativa há cinco positivas. Quando essa relação se aproxima da razão de um para um, ou seja, uma interação negativa para cada positiva, o casamento "tem grandes chances de terminar em divórcio".

Num estudo fascinante, Gottman juntou-se a dois matemáticos para colocar seu modelo à prova. Em 1992 foram recrutados 700 casais recém-casados. Para cada dupla, os pesquisadores registraram em vídeo um diálogo de 15 minutos entre marido e esposa, contabilizando o número de interações positivas e negativas. Em seguida, baseados na razão de cinco para um, previam se cada casal continuaria junto ou se acabaria se separando.

Dez anos depois, Gottman e seus colegas voltaram a fazer o acompanhamento com cada casal, a fim de determinar a taxa de acerto de suas previsões originais. Os resultados foram espantosos: haviam previsto os divórcios com um acerto de 94% – apenas se baseando numa avaliação das interações dos casais durante 15 minutos.[15]

A razão mágica:
cinco interações
positivas para cada
interação negativa.

Esses números são cruciais também no trabalho. Uma pesquisa chegou à conclusão de que as equipes com uma proporção acima de três interações positivas para cada interação negativa apresentam uma produtividade significativamente maior do que aquelas que não conseguem atingir esse patamar. Mas é interessante notar o resultado de outra pesquisa, que indica também a existência de um *limite máximo* – se a proporção ultrapassar 13 interações positivas para cada interação negativa, as coisas podem se deteriorar.[16]

Então, embora este livro foque nas formas de potencializar as emoções positivas, é fundamental não ignorar a negatividade e as dificuldades. *A positividade deve se fundamentar no real.* Uma visão de mundo ao estilo Poliana, em que se finge não ver o que existe de negativo, pode resultar num falso otimismo que chega a ser contraproducente... além de extremamente chato. Há ocasiões em que é absolutamente necessário corrigir nossos erros e descobrir modos de administrar nossos pontos fracos.

Mas a maioria de nós não precisa se preocupar com a violação desse limite máximo. Em grande parte das organizações, a proporção entre interações positivas e negativas é de uma inadequação deplorável, o que deixa espaço de sobra para o aprimoramento.

Como aumentar a longevidade

As emoções negativas podem acarretar graves problemas. Milhares de estudos[17] vêm revelando os danos causados à mente e ao corpo pelo estresse, pela raiva e pela hostilidade. Em contrapartida, as emoções positivas podem nos proteger da depressão e dos demais efeitos nocivos sobre a saúde, possibilitando uma recuperação

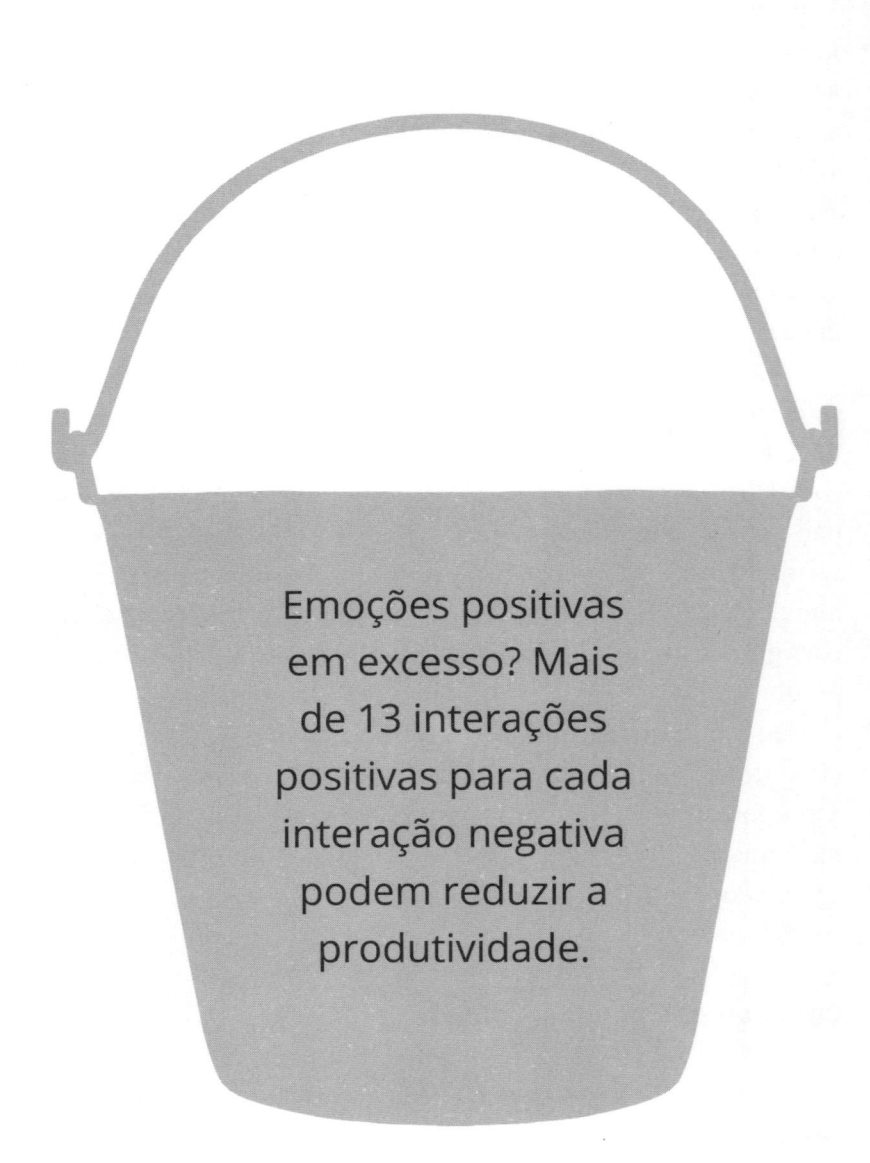

Emoções positivas em excesso? Mais de 13 interações positivas para cada interação negativa podem reduzir a produtividade.

mais rápida de dores, traumas e doenças. Além disso, podem promover um aumento da expectativa de vida.

Pesquisadores que acompanharam 839 pacientes da Clínica Mayo, nos Estados Unidos, ao longo de mais de trinta anos identificaram uma ligação entre uma visão de mundo otimista e um menor risco de morte prematura.[18] Outro estudo marcante, com 180 freiras católicas idosas, revelou que aquelas que tinham mais emoções positivas viviam significativamente mais do que aquelas com mais emoções negativas.[19] Os pesquisadores estudaram relatos autobiográficos escritos por cada uma delas quando tinham 20 e poucos anos; a frequência com que as emoções positivas figuravam nesses escritos da juventude foi então medida e comparada ao índice de mortalidade entre essas mulheres na faixa dos 75 aos 95 anos.

Os resultados foram impressionantes. As freiras que relatavam ter mais emoções positivas viviam, em média, dez anos a mais. Ainda mais notável foi o fato de que 25 freiras do grupo com menos emoções positivas já haviam falecido na época do estudo, enquanto tinha havido apenas dez mortes no grupo com mais emoções positivas.

Para entender melhor o significado desses números, basta considerar que está comprovado que o cigarro reduz a expectativa de vida em cinco anos e meio para os homens e sete anos para as mulheres; as emoções negativas, portanto, podem provocar uma redução da expectativa de vida maior que a causada pela nicotina.[20] Seria papel do Ministério da Saúde alertar sobre o risco de emoções negativas.

Efeitos sobre a saúde física e mental

Além de aumentarem a longevidade, as emoções positivas podem contribuir para o nosso bem-estar físico e mental. Um

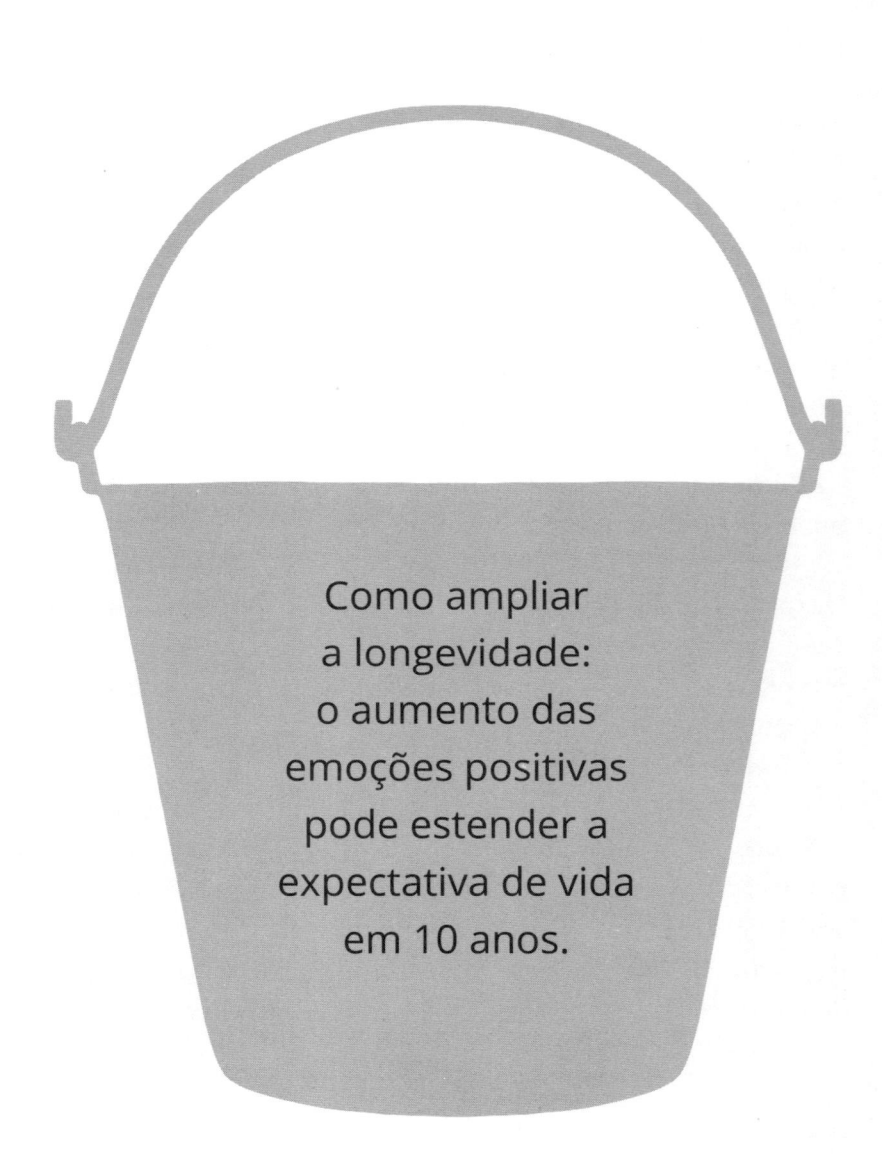

Como ampliar a longevidade: o aumento das emoções positivas pode estender a expectativa de vida em 10 anos.

estudo realizado com alunos formados em Harvard revelou que as explicações – pessimistas ou otimistas – encontradas pelos jovens para acontecimentos negativos previam o que aconteceria com sua saúde física várias décadas depois. Mais especificamente: *o otimismo na juventude implicava uma boa saúde mais tarde.*[21]

Outras pesquisas sugerem que o otimismo é capaz de reduzir tanto a incidência quanto a duração do resfriado comum. Com base em análises dos resultados de exames de sangue, constatou-se que os otimistas possuem uma contagem maior de linfócitos T4, ou células "auxiliares", que ajudam no combate a infecções.[22] Em média, os otimistas fazem também menos de uma visita ao médico por ano, ao passo que os pessimistas chegam a uma média de mais de 3,5 visitas anuais. Portanto, se aumentar as emoções positivas na sua vida, você pode até diminuir os seus gastos com saúde.

Já está claro que as emoções positivas afetam diretamente a nossa saúde física, mas o que dizer dos seus efeitos sobre a nossa saúde mental e os nossos relacionamentos?

Barbara Fredrickson, diretora do Laboratório de Emoções Positivas e Psicofisiologia da Universidade de Michigan e grande pesquisadora do tema, relata que "as emoções positivas são muito mais do que meros indicadores de autossatisfação; elas também melhoram nossa maneira de lidar com os acontecimentos e geram bem-estar – não só no momento em que a experiência agradável acontece, mas também a longo prazo (...) *As emoções positivas não são um luxo trivial; pelo contrário, podem constituir necessidades importantes para um ótimo funcionamento do corpo*".[23]

Com efeito, conclui Barbara, as emoções positivas:

- não só nos protegem das emoções negativas como podem reverter seus efeitos

- aumentam a resiliência e têm o poder de transformar as pessoas
- ampliam nossa capacidade mental, estimulando-nos a descobrir novas linhas de ação ou raciocínio
- derrubam barreiras raciais
- promovem o bom desempenho de organizações, bem como de indivíduos
- constroem recursos físicos, intelectuais, sociais e psicológicos duradouros, que podem funcionar como "reservas" em períodos de dificuldade
- melhoram o desempenho geral de um grupo (quando os líderes expressam mais emoções positivas)

Após séculos estudando disfunções cerebrais, os cientistas finalmente estão investigando e tentando medir o bem-estar mental.

CAPÍTULO 4

A história de Tom: quando o balde transborda

Você pode estar se perguntando: "Mas será que a pessoa já não nasce com uma predisposição para ser positiva ou negativa? Será que não é uma característica genética, difícil de mudar?" É uma boa pergunta. Todo mundo conhece alguém que parece ter nascido (e provavelmente nasceu) com uma predisposição negativa. E sem dúvida você conhece outros que parecem ter uma positividade irreversível e inata.

Na comunidade científica, não há consenso a esse respeito. Certos estudos indicam que a positividade e a negatividade têm origem basicamente genética, ao passo que outros salientam a influência do meio. A teoria mais aceita hoje atribui contribuições significativas e possivelmente em igual medida a ambos os fatores.

O renomado psicólogo Ed Diener compara nossa capacidade de ser feliz com nosso peso físico.[24] Da mesma forma que determinados indivíduos apresentam uma predisposição para serem magros, por mais que comam, outros têm uma tendência natural a serem mais felizes que os demais. No entanto, o nosso nível de emoções positivas sem dúvida pode crescer ou cair significativamente dependendo do que nos acontecer ao longo do tempo.

Independentemente da tendência inata de cada um, encher o balde com regularidade pode aumentar as emoções positivas. Para ilustrar o efeito das emoções a longo prazo, veja uma história pessoal nossa, a seguir.

Um presente de aniversário

Logo depois de começarmos a trabalhar neste livro, lembrei que o aniversário de Don estava próximo. Como o livro trataria de emoções positivas, resolvi escrever uma carta para ele falando da importância que dou a manter o balde cheio. Achei que esse depoimento teria mais significado para ele do que um presente comum. Além disso, como eu tinha consciência da dura batalha que ele estava travando contra o câncer, achei que seria o momento certo para expressar meu afeto e minha gratidão.

Desde a minha infância, sempre ouvi Don repetir que deveríamos nos reunir para celebrar todos os grandes feitos de uma pessoa enquanto ela ainda estivesse viva para participar da festa. Quando ia a um funeral, ele ficava inconformado com o fato de tanta gente só encher o balde da pessoa no velório dela. "Por que não fazer isso enquanto o sujeito ainda está vivo?"

Assim, quando Don fez 79 anos, contei-lhe minha história pessoal – e, ao lê-la, ele chorou de emoção. Alguns dias mais tarde, ele veio me perguntar se eu concordava em registrar minha história neste livro, por considerá-la um bom exemplo de como manter o balde sempre cheio. É claro que concordei.

Estou, então, reproduzindo a história que dei a Don de presente de aniversário: de como o fato de manter o meu balde cheio desde a infância moldou toda a minha vida.

A busca dos primeiros traços de talento

Sou o mais velho da minha geração numa família grande que teve a sabedoria de adotar um excepcional método de educação contrário aos padrões da época. Desde o meu nascimento, todos os meus familiares se empenharam em me ajudar a desenvolver o que eu tinha de melhor, me dando apoio e estímulo constantes.

Quando completei 4 anos, minha mãe e minha avó já haviam percebido meu interesse aguçado por livros. Assim, passavam horas a fio comigo, me ensinando a ler. Tanto cuidado e tanta atenção foram fundamentais para mim.

Sempre que parentes iam nos visitar, perguntavam o que eu estava lendo ou de que estilo eu mais gostava. Hoje, vejo que estavam procurando valorizar meus talentos naturais. Sempre que familiares reparavam na minha paixão por determinada área, me incentivavam a aprender tudo o que pudesse a respeito. Nunca poupavam elogios nem hesitavam em me parabenizar até pelas menores realizações. Então, quando eu já tinha quase 9 anos, eles perceberam o meu espírito empreendedor. Pouco tempo depois, recebi uma sugestão do meu avô (Don): por que eu não começava o meu próprio negócio? Adorei a ideia e resolvi abrir uma barraquinha para vender guloseimas.

Ao fim de alguns meses, minha pequena empreitada estava indo muito bem. A "Biz Kids" já tinha movimento a ponto de tornar insuficientes as compras no atacadista local, e uma grande distribuidora de doces concordou em ser nossa fornecedora e entregar no nosso endereço. Acabamos incluindo roupas e pequenas mercadorias. Aos 12 anos, eu já empregava mais de vinte amigos, com um lucro líquido de alguns milhares de dólares para dividirmos. Ao cabo de alguns anos de atividade, a história chegou à primeira página do jornal local e ao noticiário nacional.[25]

Todo o cuidado e atenção destinados a encher meu balde faziam uma enorme diferença na minha vida. Meu balde transbordava, o que me permitia encher o balde de todos os que me cercavam. No final de cada mês, eu saía distribuindo bonificações e pagava comissões de acordo com o volume de vendas de cada um. Era uma delícia constatar como as minhas atitudes injetavam ânimo nos meus amigos, familiares e colegas de trabalho.

Esse foco nos estímulos positivos prosseguiu ao longo de todo o meu crescimento. Meus pais sempre perguntavam sobre as minhas matérias e atividades extracurriculares preferidas – e, em vez de esvaziarem o meu balde quando eu não ia bem em música ou artes, me estimulavam a dedicar mais tempo às áreas que me proporcionavam mais satisfação pessoal. Perceberam que eu tinha perfil analítico e gostava de números e atualidades, então recomendaram que eu ficasse mais tempo estudando matemática e ciências sociais. Mesmo que minhas notas já fossem altas nessas áreas, eles estavam convencidos de que seria mais produtivo se eu investisse mais nos temas pelos quais já tinha interesse natural.

Ao contrário dos professores e dos pais dos meus amigos, meus pais *não* queriam que eu fosse o melhor em tudo. Vendo que eu não tinha ritmo algum, entendiam que seria inútil forçar a barra para que eu melhorasse como músico; meu desempenho nessa área seria no máximo mediano. É como um dito ancestral que sempre repetiam lá em casa: "Não adianta tentar ensinar um porco a cantar; além de ser perda de tempo, o porco ainda fica chateado." Como jovem estudante, essa foi uma premissa libertadora para mim. Eu não precisava ser bom em tudo; pelo contrário, podia me aprimorar nas minhas áreas de talento natural.

Um lar seguro e acolhedor

Considerando o meu ambiente familiar, eu me lembro de como achava estranho visitar a casa de determinado amigo da escola. Mal entrávamos, alegres após um dia de aulas, e a primeira coisa que a mãe dele dizia era sempre algo como:
  "Quem disse que você podia trazer gente pra cá?"
  "Você arrumou confusão na escola de novo?"
  "É melhor não ter se dado mal na prova!"
  Às vezes essa atitude até podia se justificar, mas eu ficava impressionado com a negatividade que já vinha na primeira coisa que ela falava para ele. Outro colega meu encontrava todos os dias, ao chegar em casa, bilhetes na sua cama com observações negativas como: "Você tem que melhorar esse seu jeito." No começo, eu achava que as famílias desses meus amigos eram problemáticas. Entretanto, com o passar do tempo, descobri que aquilo era comum. Em retrospecto, vejo que isso explica por que eu e meus amigos preferíamos passar a maior parte do tempo na minha casa durante a nossa infância.

Um grande desafio

Minha vida transcorreu dessa maneira positiva até meus 16 anos. Foi quando deparei com meu primeiro grande obstáculo: comecei a ter problemas no olho esquerdo.
  Os médicos encontraram tumores múltiplos e realizaram uma série de cirurgias. Um ano depois, eu havia perdido totalmente a visão daquele olho – de forma irreversível. Para piorar, o quadro apontava para a possibilidade de uma "anomalia genética" que provoca o crescimento de tumores por todo o meu corpo. Os resultados de um teste de DNA confir-

maram que eu era portador de uma síndrome extremamente rara: a doença de Von Hippel-Lindau. Era grande a probabilidade de surgirem tumores em regiões como pâncreas, rins, tímpanos, glândulas adrenais, cérebro e medula espinhal, sem aviso prévio.

Ao saber disso, é claro que fiquei assustado e nervoso, mas, ao mesmo tempo, me surpreendi ao perceber que, lá no fundo, meu espírito não estava se deixando abater pela notícia. Daquele dia em diante, em vez de enfatizar os aspectos negativos ou incontroláveis da doença, minha família me ajudou a me concentrar no que era *possível* fazer. Apesar da grande apreensão, não cheguei a ficar deprimido. Num momento crucial da minha vida, aquele cuidado genuíno e aquela positividade tiveram um efeito notável em mim.

Durante a semana que se seguiu à confirmação do problema, busquei me informar para aprender maneiras de administrar a situação e conviver com aquilo. Hoje me dou conta de que o segredo foi ver meu prognóstico não como uma espécie de maldição ou sentença de morte, mas como uma oportunidade de reagir de maneira positiva e tomar medidas para me manter o mais saudável possível. Continuei estudando o assunto e descobri que a maioria dos tumores associados à doença seria contornável quando houvesse detecção e tratamento precoces. Assim, decidi monitorar o andamento do quadro por meio de exames e check-ups regulares.

Enquanto isso, tudo – nas esferas social, esportiva e escolar – continuava quase exatamente como sempre tinha sido. Meu dia a dia não mudou. Ao longo dos anos seguintes, eu só pensaria na minha doença uma ou duas vezes por ano, na época de fazer os exames médicos. Claro que eu ficava nervoso enquanto esperava pelos resultados das ressonâncias e tomografias, mas não era nada que não desse para controlar. Sob vários aspectos, minha confiança e minha força de vontade se fortaleceram com aquele processo.

Optei por enfrentar os desafios de cabeça erguida. Não sei bem se tinha plena consciência da minha atitude na época, mas não permiti que os problemas me dominassem. Dez anos depois, meus amigos mais próximos me falaram do medo e da preocupação que sentiram naquele período, mas também contaram que ficaram impressionados com a minha falta de preocupação com a doença no dia a dia. No entanto, não houve nada de estranho ou incompreensível nessa história: as gotas diárias pingadas durante anos no meu balde por amigos e familiares *haviam criado uma reserva capaz de me abastecer nos momentos difíceis.*

Um superávit de emoções positivas

Infelizmente, esse não foi meu único desafio.

No meu último ano da faculdade, um exame revelou um tumor nas glândulas adrenais. Cinco anos depois, os médicos encontraram tumores cancerosos no meu rim. Durante a elaboração deste livro, as tomografias detectaram vários tumores novos no pâncreas, nas glândulas adrenais e na medula espinhal.

Sempre que isso acontece, inicialmente tenho uma reação de medo e frustração. A reação mais forte, porém, é de alívio por saber que os tumores foram descobertos antes que pudessem causar metástases e se espalhar para outros órgãos. Minha vigilância e meu cuidado com a doença estão valendo a pena. Em todos os casos, a remoção cirúrgica foi possível. Leio todos os artigos que encontro sobre cada situação para compreender plenamente as minhas opções e os riscos associados. Toda a minha energia se volta para o que *pode* ser feito, não para o que já aconteceu ou está fora do meu controle.

Até hoje nunca me peguei me perguntando *"Por que isso foi acontecer comigo?"*.

De verdade. Posso me sentir frustrado, mas nunca lutei contra o destino – e existe uma grande diferença entre essas duas atitudes. Fiz uma escolha deliberada de não perder tempo pensando nos aspectos negativos da minha saúde ou alimentando qualquer forma de autopiedade. Concluí que isso não me levaria a lugar algum, e a autocomiseração só serviria para agravar meu estado físico e emocional. Embora o risco de enfrentar diversas formas de câncer me acompanhe todos os dias, não tenho outra alternativa senão permanecer concentrado no que pode ser feito, de modo a me manter à frente dessa doença. E posso afirmar, com sinceridade, que não tem sido difícil sustentar essa atitude no dia a dia, pois sei que posso contar com o suporte positivo da família e dos amigos.

Obviamente, o meu caso é um exemplo extremo de balde cheio. Imagino que, se eu fosse outra pessoa e estivesse lendo a minha história, talvez achasse que foi inventada. Mas posso garantir que cada palavra é verdadeira. Tenho certeza de que a alta dose de positividade que venho recebendo ao longo da vida me ajuda a enfrentar meus problemas físicos frequentes e, literalmente, salvou minha vida.

Todos nós vamos deparar com grandes desafios pelo caminho. No entanto, por mais que às vezes possa parecer que "demos azar", que a vida não é justa, não precisamos nos identificar com as dificuldades que enfrentamos. Diante de adversidades, as respostas que damos e o nosso estado emocional são muito mais importantes. O reforço positivo dos nossos pontos fortes é capaz de impedir que nos deixemos dominar pela negatividade e de nos fazer entender que a reação positiva nos permite não só sobreviver, mas também crescer diante dos problemas.

CAPÍTULO 5

Tem que ser pessoal

Reconheço que a história que você acabou de ler é fora do comum, mas há inúmeros exemplos de pessoas que veem a vida melhorar e se tornam mais produtivas graças à manutenção do próprio balde sempre cheio. Na verdade, é isso que acontece nos bons ambientes de trabalho.

Sabe aquele atendente que foi superatencioso quando você ligou para resolver um problema? Digamos que você tenha ficado tão positivamente impressionado que anotou o nome dele: João. Depois, entrou em contato com o supervisor do rapaz, contando o que ele fez para conquistá-lo.

Trinta minutos depois, no exato momento em que concluía mais um atendimento em que havia conquistado outro cliente colérico (sim, ele passa o dia inteiro fazendo isso), João recebeu um e-mail do chefe, citando a mensagem elogiosa em que você descrevia a "simpatia" e a "eficiência em resolver problemas" do rapaz.

Ao abrir a mensagem, a primeira coisa que chamou a atenção de João foi o fato de o chefe ter enviado com cópia para um grupo dos seus colegas de trabalho mais próximos. O assunto do e-mail: "Você fez a diferença hoje." A mensagem reproduzia a descrição feita por você, citando palavras usadas em vários trechos. O e-mail terminava afirmando que a atitude de João não só deixara um cliente satisfeito como também tinha facilitado muito a vida de alguém.

Enquanto lia, João abriu um imenso sorriso. Mesmo cansado, depois de passar o dia inteiro ouvindo clientes irritados, esse e-mail o fez se sentir subitamente revigorado.

O chefe sabia bem como encher o balde de João: *o reconhecimento é mais apreciado e eficiente quando é individualizado, específico e merecido.* O chefe tinha certeza de que escrever um e-mail e mandá-lo com cópia para os colegas mais próximos de João faria o balde do atendente transbordar. Talvez soubesse também que para cada funcionário há uma abordagem ideal: alguns poderiam preferir apenas um tapinha nas costas, sem que nada mais fosse dito, e outros, um elogio mais entusiasmado na frente de todos durante uma reunião.

O importante é saber que existem maneiras únicas e específicas de se encher o balde de cada pessoa – e certamente há também escolhas equivocadas. Premiações coletivas e padronizadas não funcionam, assim como formas de reconhecimento que pareçam forçadas ou falsas.

E há ocasiões em que você acha que seu reconhecimento vai estimular um funcionário, mas o tiro sai pela culatra da pior maneira – e na frente de todo mundo.

A pior situação possível

A história de uma gerente, Susan, e de seu subordinado, Matt, ilustra bem o que pode acontecer quando o reconhecimento não leva em conta a individualidade do funcionário. O caso a seguir ocorreu numa grande companhia de seguros para a qual o Gallup prestou serviços de consultoria muitos anos atrás. Ao ser promovida a gerente de divisão dessa organização, Susan logo percebeu que seu sucesso dependeria diretamente da sua capacidade de estimular seus subordinados a melhorarem o desempenho.

Susan já havia trabalhado como atendente antes, e adorava ganhar prêmios importantes e ouvir os aplausos dos colegas. Ao longo do dia, ela costumava contemplar as plaquinhas com as homenagens que havia recebido e pendurado na parede e se lembrar da alegria que sentira ao ganhá-las. Era o que a estimulava.

Assim, Susan resolveu preparar uma grande cerimônia de premiação para homenagear seus subordinados. O evento ocorreria no melhor hotel da cidade, e foram convidados todos os funcionários com as respectivas famílias. Além disso, foram contratados um palestrante famoso e outras atrações de primeira linha.

Na última parte do evento aconteceria a premiação daqueles que haviam tido o melhor desempenho durante o ano. Para dar mais destaque a Matt, o melhor funcionário do serviço de atendimento ao cliente, Susan deixou o prêmio dele para o final. Queria que esse anúncio fosse o principal evento da noite. O cavalete colocado no meio do palco e coberto com um pano deu margem a muita especulação.

A intenção de Susan era que o prêmio motivasse Matt durante os anos seguintes. Assim, antes de anunciá-lo como o funcionário que havia apresentado os melhores resultados, Susan enumerou um longo rol de suas realizações e o cobriu de elogios. Depois, puxou o pano e ergueu o prêmio, anunciando o nome de Matt. Enfim chegara o momento planejado durante semanas. Susan havia até imaginado como seria a expressão de alegria do seu funcionário.

Para sua surpresa, porém, aconteceu exatamente o contrário: *Matt ficou furioso!* Seu ar de decepção e a hostilidade refletida em sua expressão corporal eram indisfarçáveis.

Bastante nervoso, Matt pegou o microfone, agradeceu a homenagem, reconheceu que a intenção tinha sido a melhor possível e acrescentou em alto e bom som que não queria aquele prêmio. Era só uma placa, que para ele não tinha o menor significado. Além disso, ele já tinha muitas, não precisava de mais nenhuma.

Foi a pior noite da vida de Susan. Tamanha derrocada não só abalou o moral do grupo como também a levaria a tentar encontrar uma maneira de reconquistar seu melhor atendente. Então, quando se recuperou do choque, ela buscou descobrir uma forma de valorizar o desempenho de Matt no futuro.

Uma abordagem antipadronizada

Para começar, Susan buscou informações sobre Matt. Descobriu que a maior paixão de seu melhor funcionário eram suas duas filhas pequenas. Sempre que falava delas, seu rosto se iluminava e ele exibia orgulhosamente as fotos mais recentes das duas.

No ano seguinte, Matt figurou novamente entre os funcionários com melhores resultados. Dessa vez, Susan estava decidida a fazer da cerimônia de premiação um sucesso. Ligou para a esposa de Matt e lhe pediu que levasse as meninas, em segredo, para que o melhor fotógrafo da região fizesse um retrato das duas.

Quando chegou a grande noite, Susan abriu a cerimônia falando de um homem muito especial, e dessa vez descreveu não só o excelente profissional, mas também o dedicado pai de família. Então tirou o pano de cima do prêmio que estava no palco e apresentou ao público o belo retrato das duas lindas meninas.

Matt subiu ao palco para abraçá-la, com os olhos marejados. Todos os presentes ficaram comovidos. Matt não podia imaginar uma homenagem mais significativa e personalizada. Aquilo mudou para sempre sua maneira de encarar sua empresa e sua chefe.

Individualizar sempre

A lição é clara: se você deseja que as pessoas saibam que você valoriza suas contribuições e que elas são importantes, é preciso que a forma de reconhecimento seja sempre adequada à maneira de ser de cada pessoa.

Encher os baldes alheios de maneira individualizada é o modo mais eficiente de aumentar a produtividade no ambiente de trabalho. Esse tipo de iniciativa ajuda a construir relacionamentos sólidos e tem o poder de mudar para sempre a vida de alguém.

CAPÍTULO 6

Cinco estratégias para potencializar as emoções positivas

Para aumentar as emoções positivas na sua vida e na dos outros, você deve adquirir o hábito de encher baldes. Não estou falando nenhuma novidade. A esta altura, você já sabe que as suas relações, a sua carreira e a sua vida serão muito mais gratificantes se você intensificar o fluxo de emoções positivas ao seu redor.

Saber, no entanto, não basta. Como qualquer objetivo na vida, é preciso ter planos específicos e viáveis para fazer com que as boas intenções se concretizem. Para ajudá-lo nisso, examinamos nosso banco de dados de mais de 4 mil entrevistas a esse respeito e chegamos às cinco estratégias com maiores probabilidades de produzir bons resultados.

Neste capítulo, veremos cada uma das cinco estratégias para potencializar as emoções positivas. E, ao final do livro, você encontrará um guia para aplicá-las na sua empresa com sua equipe.

AS CINCO ESTRATÉGIAS

Primeira estratégia
Não deixe o balde esvaziar

Segunda estratégia
Foque no positivo

Terceira estratégia
Tenha um melhor amigo

Quarta estratégia
Faça coisas inesperadas

Quinta estratégia
Reformule a Regra de Ouro

Primeira estratégia

Não deixe o balde esvaziar

Assim como precisamos quitar nossas dívidas para poder começar a poupar, é preciso parar de esvaziar o balde dos outros para conseguir enchê-los.

Quando soube da Teoria do Balde e da Concha, um conhecido nosso resolveu colocá-la à prova. Ele queria descobrir um jeito de parar de esvaziar o balde das pessoas. Então, desenvolveu um hábito simples: passou a se perguntar, a cada interação, se estava enchendo ou esvaziando o balde de seu interlocutor. Ele nos contou que no início não foi fácil identificar, mas em pouco tempo percebeu que estava pegando a prática. Sempre que se via prestes a fazer um comentário negativo, ele se continha – e, em alguns casos, encontrava algo positivo para dizer. Com isso, começou a se sentir melhor, assim como as pessoas que o cercavam.

Fique de olho: se perceber que está esvaziando o balde de alguém, pare. Pare e pense nas suas últimas interações. Você andou zombando de alguém? Pisou em algum calo? Fez questão de chamar a atenção para algum defeito ou algo que fizeram de errado? Se a resposta for sim, tente pisar no freio para que não aconteça novamente.

Quando tiver conseguido conter o seu impulso de sair esvaziando baldes, estimule a mesma mudança naqueles que o cercam. Será que os membros da sua equipe de trabalho, da sua família ou seus colegas de faculdade têm mania de criticar ou zombar dos outros? Você conhece alguma daquelas "panelinhas" que se formam para esvaziar o balde de alguém? A próxima vez que vir um balde sendo esvaziado, intervenha. Procure mostrar aos outros que uma negatividade injustificada só piora tudo.

Depois de começar conscientemente a parar de esvaziar baldes, monitore os seus avanços *classificando suas interações*. Isso mesmo: escolha uma pessoa próxima e analise os seus últimos contatos com ela. Avalie se, no geral, cada interação foi mais positiva ou mais negativa. Classifique mentalmente cada uma com um "+" ou um "–", ou anote, se for preciso. E verifique o resultado final.

Agora, além de pensar no que você deve fazer para encher o balde dos seus amigos, familiares, colegas de trabalho e todas as pessoas que cruzam seu caminho, pergunte-se: "O que eu devo fazer para atingir aquela 'razão mágica' de cinco interações positivas para cada interação negativa sobre a qual li no Capítulo 3?"

Segunda estratégia

Foque no positivo

Cada interação é uma oportunidade de valorizar o que está indo bem – e encher um balde.

Certa vez uma amiga nossa também descobriu que focar *no que vai bem* é muito poderoso. Insatisfeita com seu casamento, ela vinha pressionando o marido havia semanas para que ele mudasse algumas atitudes. Diante das reclamações frequentes, ele se colocava na defensiva e se afastava. Ela passou a se queixar de seu distanciamento, fazendo longos sermões na tentativa de torná-lo consciente de tudo o que a incomodava – mas, ao contrário do que esperava, as coisas pareciam piorar cada vez mais.

Ao perceber que dizer ao marido quanto ele a decepcionava não estava funcionando, ela pensou em tentar outra abordagem: valorizar o que ele fazia bem e as características dele que lhe agradavam. Mesmo não acreditando que fosse dar certo, resolveu experimentar. O que você acha que aconteceu? O marido começou a se sentir melhor ao chegar em casa, foi se aproximando mais da esposa, tornou-se mais atencioso e carinhoso. Em outras palavras, passou a encher o balde da esposa – do mesmo modo que ela fizera com o dele.

O que surpreendeu nossa amiga, porém, foi a felicidade que ela sentiu por enfatizar os aspectos positivos do marido, em vez de salientar os negativos. Isso a levou a adotar uma postura muito mais positiva nas suas outras interações. Depois de poucas semanas, tanto ela quanto o marido estavam transmitindo essa energia recém-adquirida para amigos e colegas.

Nunca subestime a influência a longo prazo da prática de encher os baldes alheios. Segundo uma especialista, as emoções positivas criam "cadeias de eventos interpessoais" – e, mesmo que você não chegue a tomar conhecimento dos resultados a longo prazo, isso não significa que não ocorram.[26]

Toda vez que enche um balde, você coloca uma energia positiva em movimento.

Pense só: se encher dois baldes por dia, e se, por sua vez, os donos desses baldes encherem outros dois cada um, e assim por diante, teremos mais de mil baldes cheios depois de dez dias. Então, não interrompa a corrente: sempre que alguém encher o seu balde, *aceite* – nunca repudie ou menospreze o que o outro está lhe dando. Em troca, encha o balde dele agradecendo e mostrando que o cumprimento ou o reconhecimento foi apreciado. Assim você também terá mais chances de compartilhar com terceiros a sua energia positiva renovada.

Se quiser saber como anda sua capacidade de encher o balde de alguém, faça nosso Teste de Impacto Positivo. O teste, que você encontra na página seguinte, consiste em quinze afirmações cujo objetivo é ajudá-lo a descobrir se anda enchendo baldes com regularidade ao avaliar áreas-chave do seu desenvolvimento.

Dê uma nota para cada afirmação e registre as áreas nas quais você deseja melhorar. Faça o teste agora e o refaça daqui a alguns meses para verificar seus avanços – e se você está enchendo mais baldes. Use as quinze afirmações do teste como um guia para aumentar intencionalmente seu impacto positivo.

Compartilhe o teste com seus amigos, sua equipe de trabalho e membros da sua família. Todos se beneficiarão dele.

TESTE DE IMPACTO POSITIVO

1. Ajudei alguém nas últimas 24 horas.
2. Sou uma pessoa gentil.
3. Gosto de estar cercado de pessoas positivas.
4. Elogiei alguém nas últimas 24 horas.
5. Levo jeito para fazer os outros se sentirem bem.
6. Fico mais produtivo quando estou junto de pessoas positivas.
7. Nas últimas 24 horas, falei para uma pessoa que gostava dela.
8. Faço questão de conhecer gente nova, aonde quer que eu vá.
9. Quando recebo um elogio, sinto vontade de elogiar alguém.
10. Na última semana, ouvi com atenção alguém falar sobre seus objetivos e desejos.
11. Consigo arrancar risadas de pessoas que estão infelizes.
12. Faço questão de chamar as pessoas pelo nome que sei que elas preferem.
13. Valorizo tudo que meus colegas fazem muito bem.
14. Sempre sorrio para as pessoas com quem interajo.
15. Me sinto bem quando elogio uma atitude positiva de alguém.

Terceira estratégia

Tenha um melhor amigo

Na escola, as crianças às vezes escolhem praticar determinado esporte ou se envolvem em atividades de que não necessariamente gostam. Se não estão sofrendo pressão dos pais para fazer essas escolhas, e se não as desempenham especialmente bem, o que as leva a insistir? Talvez o mesmo motivo que faz um profissional permanecer numa empresa que não é a ideal, ou mesmo que o desagrada: a presença do melhor amigo ali.

Se prestar atenção, você vai constatar que a maior parte das pessoas entra e permanece num grupo, num time ou numa organização por causa dos seus melhores amigos. Dizemos "melhores amigos" porque o levantamento que realizamos em ambientes de trabalho positivos revelou que ter "amigos", "bons amigos" ou "amigos próximos" no convívio profissional não é tão importante quanto ter um "*melhor* amigo". Quem conta com um melhor amigo no trabalho demonstra ter mais segurança, melhores resultados em termos de satisfação dos clientes e produtividade crescente.

Embora a expressão "melhor amigo" dê a impressão de certa exclusividade, não significa necessariamente que você deva se limitar a um único amigo mais chegado. Na verdade queremos sugerir que você desenvolva vários relacionamentos com um nível de profundidade próximo ao de um melhor amigo no seu ambiente de trabalho, em casa e nos seus demais círculos sociais.

Bons relacionamentos trazem um aumento significativo de satisfação com a vida em geral. O renomado psicólogo Ed Diener chegou à conclusão de que "as pessoas mais felizes têm uma vida social de melhor qualidade".[27] Ao mesmo tempo, Diener e outros pesquisadores descobriram que as pessoas solitárias acabam vítimas de um sofrimento psicológico significativo.

Pense nos seus melhores relacionamentos: provavelmente eles se consolidaram por uma série de interações positivas. Dificilmente ficamos muito amigos de uma pessoa que nos passa uma primeira impressão negativa. Nunca se esqueça disso quando for conhecer alguém.

Para começar, memorize o nome das pessoas que você vê com mais frequência – e certifique-se de que aquele é o jeito como cada uma delas prefere ser chamada. Pode parecer bobagem, mas esse detalhe causa uma boa impressão fortíssima. Fica difícil construir uma boa relação quando nem ao menos sabemos o nome do outro ou se o chamamos pelo nome errado. Esse é o primeiro passo para que seus conhecidos se tornem seus amigos.

Quer você queira desenvolver vários relacionamentos sólidos ou apenas alguns mais profundos, a melhor maneira é encher o balde dos outros desde o primeiro contato. É uma ótima forma tanto de iniciar novos relacionamentos quanto de fortalecer os já existentes. E mais: nenhuma amizade terá grandes chances de sobreviver, muito menos de prosperar, se o balde das pessoas envolvidas não for preenchido com regularidade.

Ponha logo esse conceito em prática. Comece pelas pessoas mais próximas: diga-lhes como elas são importantes e por quê. Não parta do princípio de que elas já sabem; mesmo que saibam, nunca é demais ouvir uma declaração de amor. Procure descobrir sempre novas maneiras de agradá-las e invista em construir um relacionamento cada vez mais positivo, duradouro e repleto de confiança.

Escute os amigos sempre de um ponto de vista positivo. Acolha o que dizem, sem julgamentos ou críticas. Apoie-os nas suas iniciativas. Encoraje-os. Faça com que eles sintam que podem sempre contar com você, seja para o que for.

Entretanto, não se limite à família e aos amigos. No trabalho, procure tornar-se conhecido como aquele que costuma reconhecer quando os outros fazem um bom serviço. Aprenda algo novo sobre cada colega com quem você trabalha ou interage. Crie interações positivas com seus conhecidos – e com estranhos também.

Você vai começar a notar que cada vez mais gente vai querer estar à sua volta.

Quarta estratégia

Faça coisas inesperadas

No Capítulo 3, mencionamos uma entrevista do programa de televisão *Today* com um ex-aluno traumatizado que contou como as palavras de estímulo de uma professora mudaram a sua vida. Bem, esse não foi o único momento marcante do programa de Katie Couric. Quando o jovem Brian Bennett acabou de contar sua história, Couric fez-lhe uma surpresa: trouxe a professora para o estúdio. O rosto de Brian se iluminou ao vê-la chegar com o marido, um de seus professores preferidos no ensino médio.

Acontece que, por acaso, aquelas duas pessoas tão importantes na vida do rapaz eram pais de Drew Bledsoe, um célebre ex-jogador da liga nacional de futebol americano. Depois do reencontro com o casal, Couric anunciou mais uma surpresa: Drew Bledsoe havia levado de presente uma bola e uma camisa suas para Brian, que ficou inundado de emoções positivas graças ao presente inesperado.

De acordo com uma pesquisa do Gallup, a grande maioria das pessoas prefere ganhar presentes inesperados. Aqueles pelos quais esperamos também ajudam a encher o nosso balde, claro, mas, por alguma razão, quando se trata de surpresa, o balde se enche um pouquinho mais. E o presente nem precisa ser grandioso para fazer sucesso. A surpresa já basta.

A Saks, uma loja de artigos de luxo, fez uma experiência em que os vendedores surpreendiam com um presentinho os clientes que não iam lá com frequência.[28] Mesmo sendo apenas uma lembrança, os clientes adoravam, e os vendedores também. O programa ainda ajudou a aumentar o volume de vendas da loja, transformando compradores esporádicos em clientes habituais.

Um presente inesperado não precisa ser algo tangível, pode ser um voto de confiança ou a atribuição de responsabilidade. Compartilhar uma alegria ou uma tristeza, ou confiar um segredo a um amigo podem ser suficientes para encher o balde dele.

Nas suas interações, procure oportunidades de brindar os outros com pequenas surpresas – uma bugiganga engraçada qualquer, um abraço, um cafezinho no meio da manhã. Até um sorriso pode ser um presente inesperado – e apreciado. As possibilidades são infinitas: um livro de que você gostou, um artigo ou uma história interessantes, tudo isso enche o balde de quem dá e de quem recebe.

No espírito de compartilhar informações capazes de encher o seu balde, aqui está uma para você. Isso já ajudou mais de 1 milhão de pessoas a descobrir os próprios pontos fortes, um produto de décadas de estudo do Gallup que já foi utilizado em 48 países.[29]

É o teste *CliftonStrengths – Descubra seus pontos fortes*. Don criou essa avaliação para ajudar as pessoas a descobrir seus talentos. Pesquisas mostram que aqueles que completam o teste e aprendem sobre seus pontos fortes ficam mais confiantes, positivos, produtivos e vivem com mais propósito, além de serem mais propensos a focar nas qualidades de outras pessoas – e, assim, encher o balde delas.[30] Esperamos que, ao fazer o teste e aprender sobre seus talentos naturais, você encha seu balde e seja capaz de encher o balde dos outros de forma mais eficaz.

No livro *Descubra seus pontos fortes 2.0*, você encontrará um código de acesso pessoal e instruções para acessar esse teste. Ao completá-lo, você receberá um relatório personalizado que o ajudará a desenvolver seus cinco talentos dominantes. Esperamos que você aproveite essa oportunidade para se conhecer melhor e compartilhar com os outros o que descobrir.

Quinta estratégia

Reformule a Regra de Ouro

Quando se trata de encher o balde, a tradicional Regra de Ouro "Faça aos outros *o que gostaria que fizessem com você*" não se aplica. Sugerimos aqui uma ligeira variação: "Faça aos outros *o que eles gostariam que você lhes fizesse.*" Dedicamos todo o Capítulo 5 a esse ponto de vista, mas vale reiterar: para encher o balde de alguém de maneira consistente e significativa, o segredo é pensar no outro com as características individuais *dele*. Portanto, nesse caso, reformule (ou, pelo menos, redefina) a Regra de Ouro.

Como vimos na história de Matt, o atendente que ganhou um retrato das filhas, as mesmas características que nos tornam únicos também determinam aquilo que realmente nos satisfaz – e vice-versa. Dificilmente uma mesma coisa terá um significado igual para várias pessoas. Há quem prefira prêmios ou presentes concretos, ao passo que para outros o que importa são palavras e gestos de reconhecimento. Alguns gostam de receber elogios diante de um grande público, enquanto outros preferem um cumprimento mais discreto e pessoal vindo de alguém que amem, admirem ou respeitem.

Outro aspecto importante a considerar é o seguinte: aquilo que reconhecemos e elogiamos nos outros os ajuda a crescer e ter mais capacidade de alcançar seus objetivos. É por isso que o modo como enchemos cada balde deve respeitar as características únicas de cada pessoa.

Não sabe como começar? Basta fazer certas perguntas. Na página 92, sugerimos algumas que também podem inspirar você a formular outras. Experimente com seus amigos e colegas. Se você ocupa um cargo de gerência, explore o poder dessas perguntas – e das iniciativas tomadas a partir delas.

Além de individualizado, o elogio terá mais significado para o destinatário se for específico. Mandá-lo num bilhete ou por e-mail é uma excelente opção. O reconhecimento por escrito é particularmente valioso porque permanece – é algo que sempre poderá ser lido de novo.

Na página 137, você encontrará o modelo para imprimir "uma gota para o seu balde". Gotas são uma das maneiras de fornecer reconhecimento breve e personalizado por escrito. Elas têm sido usadas em empresas, escolas e igrejas há décadas, e milhões de pessoas já as enviaram e receberam. Há quem goste de guardar as gotas que receberam por muitos anos como um lembrete de suas realizações. Sinta-se à vontade para usar esse sistema ou inventar o seu próprio – o que funcionar melhor para você e cada destinatário.

Agora, um desafio que encherá seu balde: estabeleça o objetivo de escrever pelo menos cinco gotas ou de oferecer outras formas de reconhecimento por mês. Depois de escrever uma gota, você pode entregá-la pessoalmente, enviá-la por e-mail ou lê-la em voz alta para a pessoa. Faça o que for encher mais o balde dela. Isso é essencial para levar positividade às pessoas da melhor forma possível.

PERGUNTAS PARA SABER COMO ENCHER O BALDE

1. Como você gosta de ser chamado?

2. O que deixa você "empolgado"? Cite seus hobbies ou interesses.

3. O que aumenta o seu nível de emoções positivas ou "enche mais o seu balde"?

4. De *quem* você mais gosta de receber reconhecimento ou elogios?

5. Qual é o tipo de reconhecimento ou elogio que você prefere? Você gosta de reconhecimento público, privado, escrito, verbal ou de algum outro tipo?

6. Que forma de reconhecimento mais o motiva? Certificados, um título, um bilhete, um e-mail ou alguma outra coisa?

7. Qual foi o maior reconhecimento que você já recebeu?

Epílogo

Imagine como o seu mundo estará melhor um ano depois que você começar a encher baldes todos os dias. Don e eu apostamos que as seguintes mudanças terão acontecido:

- O seu ambiente de trabalho ficará muito mais produtivo e agradável.
- Você terá mais amigos.
- Os seus colegas e clientes ficarão mais satisfeitos e próximos de você.
- O seu casamento estará fortalecido.
- A qualidade de suas relações com a família e os amigos será melhor.
- Você estará mais saudável e feliz, com maiores chances de ter uma vida mais longa.

Tanto a ciência quanto a mera observação dos fatos fornecem indícios de sobra de que a positividade é fundamental na nossa vida. Não desperdice nenhuma oportunidade de multiplicar as emoções positivas daqueles que o cercam: isso fará uma grande diferença – e talvez possa até mudar o mundo.

Não perca mais tempo.

Cada segundo importa.

NOTAS

Para escrevermos *Seu balde está cheio?*, revisitamos décadas de estudos na área da psicologia organizacional. Muitas das pesquisas mencionadas neste livro foram publicadas em ensaios acadêmicos, mas poucas vezes foram compiladas num formato de fácil leitura. Quando idealizamos este livro, nossa intenção era filtrar as descobertas mais relevantes e torná-las acessíveis ao máximo de pessoas possível, de modo que milhares pudessem se beneficiar do brilhante trabalho dos pesquisadores aqui mencionados.

Prefácio

1 Fowler, J. H. & Christakis, N. A. Dynamic spread of happiness in a large social network: longitudinal analysis over 20 years in the Framingham Heart Study. *BMJ*, 2008, p. 337: a2338.

Introdução

2 Clifton, D. O. The mystery of the dipper and the bucket. Lincoln: King's Food Host. Food Host USA, Inc., 1966.

Capítulo 1: A negatividade pode ser fatal

3 Mayer, W. (Palestrante). Mind Control, the Ultimate Weapon. Fita cassete transcrita pelo Gallup, 1967. Disponível em: http://new.realityzone.com/product/audio-archives-volume-iv.

4   Clifton, D. O.; Hollingsworth, F. L. & Hall, W. E. A projective technique for measuring positive and negative attitudes towards people in a real-life situation. *The Journal of Educational Psychology*, maio 1952, p. 273-283.

Capítulo 2: Positividade, negatividade e produtividade

5   Harter, J. K.; Schmidt, F. L. & Killham, E. A. Employee engagement, satisfaction, and business-unit-level outcomes: a meta-analysis. Washington, D.C.: The Gallup Organization, 2003.

6   George, J. M. Leader positive mood and group performance: the case of customer service. *Journal of Applied Social Psychology*, v. 25, n. 9, 1995, p. 778-794.

7   Theisen, T. Recognizing all staff members is an important task. *Lincoln Journal Star*, 25 mar. 2003, p. 4A.

8   Bhattacharya, S. Unfair bosses make blood pressure soar. NewScientist.com, jun. 2003. Disponível em: http://www.newscientist.com/article/dn3863-unfair-bosses-make-blood-pressure-soar. Acesso em: 16 out. 2024.

9   Post 9/11, Compassionate companies had highly engaged employees, reports *GMJ*. *Gallup Management Journal*, mar. 2002. Disponível em: http://gmj.gallup.com/content/default.asp?ci=478. Acesso em: 20 ago. 2003.

10   Harter, J. K.; Schmidt, F. L. & Killham, E. A. Employee engagement, satisfaction, and business-unit-level outcomes: a meta-analysis. Washington, D.C.: The Gallup Organization, 2003; e Cameron, K. S.; Bright, D. & Caza, A. Exploring the relationships between

organizational virtuousness and performance. *American Behavioral Scientist*, fev. 2004.

Capítulo 3: Valorize cada momento

11   Hurlock, E. B. An evaluation of certain incentives used in school work. *Journal of Educational Psychology*, v. 16, 1925, p. 145-159.

12   Kahneman, D. A day in the lives of 1,000 working women in Texas. 2002. Apresentado no First International Positive Psychology Summit, Washington, D.C.

13   Touchet, T. (Produtor executivo). *Today* [programa de televisão]. Nova York: NBC, 11 nov. 2003.

14   Gottman, John. *Why Marriages Succeed or Fail... And How You Can Make Yours Last*. Nova York: Simon & Schuster, 2012.

15   Cooke, R. Researchers say they can predict divorces. *The Boston Globe Online*, 17 fev. 2004. Disponível em: http://www.boston.com/news/globe/health_science/articles/2004/02/17/researchers_say_they_can_predict_divorces/. Acesso em: 20 fev. 2004.

16   Losada, M. The complex dynamics of high-performance teams. *Mathematical and Computer Modeling*, v. 30, 1999, p. 179-192; Fredrickson, B. Positive emotions and upward spirals in organizations. Apresentado na The Gallup Organization World Conference, Omaha, NE, em outubro de 2003.

17   Witvliet, C. V. O.; Ludwig, T. E. & Vander Laan, K. L. Granting forgiveness or harboring grudges: implications for emotion, physiology, and health. *Psychological Science*, v. 12, 2001, p. 117-123; Seligman, M.

E. P. *Felicidade autêntica*. Rio de Janeiro: Objetiva, 2019; e Snyder, C. R.; Rand, K. L. & Sigmon, D. R. Hope theory: a member of the positive psychology family. *Handbook of Positive Psychology*, 2001, p. 257-268. Nova York: Oxford University Press.

18   Maruta, T.; Colligan, R. C.; Malinchoc, M. & Offord, K.P. Optimists vs. pessimists: survival rate among medical patients over a 30-year period. *Mayo Clinic Proceedings*, v. 75, 2000, p. 140-143.

19   Danner D.; Snowdon, D. & Friesen, W. Positive emotions in early life and longevity: findings from the nun study [versão eletrônica]. *Journal of Personality and Social Psychology*, v. 80, 2001, p. 804-813.

20   Smoking hits women hard. BBC News/BBC Online Network, 12 jan. 1999. Disponível em: http://news.bbc.co.uk/1/hi/health/253627.stm. Acesso em: 16 out. 2024.

21   Peterson, C.; Seligman, M. E. P. & Valliant, G. E. Pessimistic explanatory style is a risk factor for physical illness: a thirty-five year longitudinal study. *Journal of Personality and Social Psychology*, v. 55, 1988, p. 23-27.

22   Peterson, C. & Bossio, L. M. *Health and Optimism*. Nova York: The Free Press, 1991.

23   Fredrickson, B. L. Leading with positive emotions. Disponível no site da University of Michigan Business School, Faculty and Research: http://bus.umich.edu/FacultyResearch/Research/TryingTimes/PositiveEmotions.htm. Acesso em: 16 out. 2024.

Capítulo 4: A história de Tom: quando o balde transborda

24 Diener, E. Positive psychology. Apresentado na The Gallup Organization World Conference, Omaha, NE, em outubro de 2003.

25 Switzer, G. Business is elementary for these school children. *Lincoln Journal-Star*, 9 abr. 1985, p. 1, 8.

Capítulo 6: Cinco estratégias para potencializar as emoções positivas

26 Fredrickson, B. Positive emotions and upward spirals in organizations. Apresentado na The Gallup Organization World Conference, Omaha, NE, em outubro de 2003.

27 Diener, E. Positive psychology. Apresentado na The Gallup Organization World Conference, Omaha, NE, em outubro de 2003.

28 Suffes, S. How Saks Welcomes New Customers. *Gallup Management Journal*, jan. 2004. Disponível em: http://gmj.gallup.com/content/default.asp?ci=10093. Acesso em: 4 mar. 2004.

29 Buckingham, M. & Clifton, D. O. *Descubra seus pontos fortes*. Rio de Janeiro: Sextante, 2008.

30 Rath, T. Measuring the impact of Gallup's strengths-based development program for students [relatório técnico]. Johns Hopkins University, 2002; e Cameron, K. S.; Dutton, J. E. & Quinn, R. E. *Positive Organizational Scholarship*. São Francisco: Berrett-Koehler, 2003.

LEITURAS RECOMENDADAS

Buckingham, M. & Coffman, C. *Quebre todas as regras*. Rio de Janeiro: Sextante, 2011.

Clifton, D. O. & Anderson, E. *StrengthsQuest: Discover and Develop Your Strengths in Academics, Career, and Beyond*. Washington, D.C.: The Gallup Organization, 2002.

Clifton, D. O. & Nelson, P. *Soar With Your Strengths*. Nova York: Delacorte Press, 1992.

Coffman, C. & Gonzalez-Molina, G. *Follow This Path: How the World's Greatest Organizations Drive Growth by Unleashing Human Potential*. Nova York: Warner Books, 2002.

Curry, L. A.; Snyder, C. R.; Cook, D. L.; Ruby, B. C. & Rehm, M. Role of hope in academic and sport achievement. *Journal of Personality and Social Psychology*, v. 73, 1997, p. 1.257-1.267.

Dodge, G. W. & Clifton, D. O. Teacher-pupil rapport and student teacher characteristics. *The Journal of Educational Psychology*, v. 47, 1956, p. 364-371.

Fitzgibbons, R. P. The cognitive and emotive uses of forgiveness in the treatment of anger. *Psychotherapy*, v. 23, 1986, p. 629-633.

Fredrickson, B. L. The role of positive emotions in positive psychology: the broaden-and-build theory of positive emotions. *American Psychologist*, v. 56, 2001, p. 218-226.

Fredrickson, B. L. & Joiner, T. Positive emotions trigger upward spirals toward emotional well-being. *Psychological Science*, v. 13, 2002, p. 172-175.

Fredrickson, B. L.; Tugade, M. M.; Waugh, C. E. & Larkin, G. R. What good are positive emotions in crises? A prospective study of resilience and emotions following the terrorist attacks on the United States on September 11th, 2001. *Journal of Personality and Social Psychology*, v. 84, 2003, p. 365-376.

Hodges, T. D. & Clifton, D. O. Strengths-based development in practice. *Positive psychology in practice.* Nova Jersey: John Wiley and Sons, Inc., 2004.

Hope, D. The healing paradox of forgiveness. *Psychotherapy*, v. 24, 1987, p. 240-244.

Smith, B. & Rutigliano, T. *Discover Your Sales Strengths: How the World's Greatest Salespeople Develop Winning Careers.* Nova York: Warner Books, 2003.

Snyder, C. R. The past and possible futures of hope. *Journal of Social and Clinical Psychology*, v. 19, 2000, p. 11-28.

Tucker, K. A. & Allman, V. *Animals, Inc.* Nova York: Warner Books, 2004.

Winseman, A. L.; Clifton, D. O. & Liesveld, C. *Living Your Strengths:*

Discover Your God-given Talents, and Inspire Your Congregation and Community. Washington, D.C.: The Gallup Organization, 2003.

AVALIAÇÃO E RELATÓRIOS ATUALIZADOS

A publicação de *Descubra seus pontos fortes,* em 2001, deu início a uma revolução mundial na avaliação de pontos fortes. Até o momento, mais de 30 milhões de pessoas descobriram seus maiores talentos e, a cada semana, o mesmo acontece com mais dezenas de milhares de outras. A Gallup Press publicou vários livros baseados nessa metodologia, e o Instituto Gallup se tornou uma referência mundial para o desenvolvimento baseado no assunto.

Desde 2001, o Gallup dedica inúmeras horas ao desenvolvimento da ciência de pontos fortes, uma criação do falecido Don Clifton, considerado o pai da psicologia dos pontos fortes pela Associação Americana de Psicologia. Parte desse investimento originou o teste *CliftonStrengths – Descubra seus pontos fortes*, versão aperfeiçoada da avaliação original para descobrir seus talentos.

Para propiciar a melhor experiência possível na descoberta e no desenvolvimento de seus pontos fortes, disponibilizamos o teste no livro *Descubra seus pontos fortes 2.0.*

A avaliação atualizada inclui novos relatórios e recursos, entre eles o guia de percepções de pontos fortes e ideias para ação. Esse guia vai muito além dos relatórios padronizados da avaliação anterior, oferecendo uma experiência personalizada, exclusiva à sua combinação individual de pontos fortes.

As percepções de pontos fortes altamente personalizadas constituem uma análise profunda dos seus cinco talentos principais. Descrevem quem você é com um nível de detalhamento surpreendente e oferecem uma compreensão abrangente de si mesmo, seus pontos fortes e o que faz você se destacar.

Os novos recursos, associados ao que você aprendeu em *Seu balde está cheio?*, vão lhe oferecer a melhor oportunidade de se fazer notar – tanto na vida profissional quanto na vida pessoal.

HISTÓRIA DO TESTE CLIFTONSTRENGTHS – DESCUBRA SEUS PONTOS FORTES

"O que aconteceria se estudássemos o que *vai bem* na vida das pessoas?" – Don Clifton (1924-2003)

Essa pergunta simples, feita há seis décadas por Don Clifton, iniciou o movimento global dos pontos fortes.
Para Don, a pergunta tocava em algo muito pessoal.
Durante a Segunda Guerra Mundial, ele pôs à prova seu talento matemático ao pilotar os bombardeiros B-24 da Força Aérea americana. Quando sobrevoava os Açores em um dia de tempo ruim, o avião saiu da rota. Don pensou em uma maneira de redefini-la, mas, quando fez as contas, percebeu que estava errado. Assim ele aprendeu a confiar mais na ciência do que na própria intuição.
Don recebeu a Cruz de Voo Distinto por heroísmo durante suas 25 sortidas de bombardeio bem-sucedidas e voltou para casa já tendo visto o suficiente de guerra e destruição. Queria passar o resto do seu tempo fazendo o bem à humanidade. Isso lhe despertou um profundo interesse por estudar o desenvolvimento humano de um jeito diferente: examinando o que ia *bem* nas pessoas.
"Na minha pesquisa de pós-graduação em psicologia, ficou claro para mim que, historicamente, os psicólogos estudavam o que ia mal nas pessoas, em vez de o que ia bem", relatou Don. "Percebi então que as pessoas eram classificadas mais por seus problemas e pontos fracos do que por seus talentos. Isso me despertou a necessidade de estudar pessoas de sucesso. A única maneira de identificar as diferenças em qualquer profissão é observar aqueles que se saíram bem."

Em 1949, Clifton e seus colegas criaram a Nebraska Human Resources Research Foundation (Fundação de Pesquisa em Recursos Humanos de Nebraska), na Universidade de Nebraska. A fundação oferecia serviço comunitário para os estudantes e laboratório para os que faziam pós-graduação praticarem a psicologia baseada em pontos fortes. Don e seus alunos e colegas descobriram que os estudantes bem-sucedidos – os que persistiam até se formar – tinham traços de caráter muito diferentes dos malsucedidos.

Essas primeiras descobertas sobre pessoas bem-sucedidas deram margem a outras hipóteses. Don e outros pesquisadores começaram a estudar os mais bem-sucedidos orientadores educacionais, professores, vendedores e gestores. Descobriram que as pessoas que exerciam papéis relevantes tinham características em comum. Don definiu essas tendências como "padrões naturalmente recorrentes de pensamento, sentimento ou comportamento que podem ser aplicados de forma produtiva".

Don queria identificar características universais e práticas que permitissem prever um alto desempenho. E queria identificar as tendências únicas dos indivíduos que, com prática, poderiam se tornar pontos fortes. O propósito desse trabalho era direcionar as conversas para que as pessoas entendessem melhor não só quem eram mas quem poderiam vir a ser.

Don desenvolveu centenas de instrumentos de previsão para identificar as pessoas com melhor desempenho em funções específicas dentro da cultura de determinada organização. Esses instrumentos cientificamente validados reconheciam o melhor conjunto de talentos para um cargo e uma empresa.

Mas faltava alguma coisa.

A possibilidade de identificar grandes talentos para uma organização nem sempre era útil para as pessoas. Assim, em meados da década de 1990, Clifton desenvolveu uma avaliação que buscava características específicas e um arcabouço para desenvolvê-las em prol do indivíduo. Ele chamou essas características de "pontos fortes".

Ao longo da jornada de criação daquele que viria a ser o teste *CliftonStrengths – Descubra seus pontos fortes*, Don conheceu muitos acadêmicos e pesquisadores. Talvez sua ligação mais importante tenha sido com Phil Stone, professor de psicologia de Harvard. Considerado um prodígio, Stone tinha 15 anos quando entrou para a Universidade de Chicago e aos 23 já tinha dois doutorados. Ensinou psicologia em Harvard por 39 anos. Além da paixão pelas ciências sociais, Stone defendia a tecnologia então recém-descoberta chamada internet.

As duas recomendações de Stone para Clifton foram montar a avaliação para a futura era digital e usar um algoritmo de medição ipsativa modificada em vez da costumeira medição normativa, como na escala Likert (1 a 5) ou na múltipla escolha. A pontuação ipsativa pede ao participante que escolha entre dois resultados socialmente desejáveis. Ela se baseia no pressuposto de que os indivíduos costumam encarar várias alternativas positivas nas situações da vida real – por exemplo, "eu organizo" e "eu analiso". A medição ipsativa é útil principalmente para identificar características intrapessoais. Ela reduz o viés de desejabilidade social que surge em muitas medições normativas.

Um dos primeiros usos daquele que viria a ser o teste *CliftonStrengths – Descubra seus pontos fortes* foi com alunos de psicologia de Harvard, que deram feedbacks sobre os temas e suas descrições.

Em 1997, Clifton e Stone desenvolveram um livro de exercícios chamado "Corner of the Sky" (Cantinho do céu), que Stone usou em suas aulas de psicologia em Harvard. Foi o começo do impacto dos pontos fortes nos campi universitários e a aurora do movimento da psicologia positiva.

Na Costa Oeste, o Dr. Edward "Chip" Anderson, cientista social da UCLA (Universidade da Califórnia, campus de Los Angeles), interessou-se pelo trabalho de Don. Em 1998, Clifton e Anderson desenvolveram o "Soar With Your Strengths" (Cresça com seus pontos fortes), um curso suplementar para alunos da UCLA. Mais tarde, esse primeiro esboço se tornou o revolucionário livro *StrengthsQuest: Discover and Develop Your Strengths in Academics, Career, and Beyond* (Buscando seus pontos fortes: Descubra e desenvolva seus pontos fortes na pesquisa acadêmica, na carreira e muito mais).

Outro membro importantíssimo da equipe de pesquisa e desenvolvimento de Don foi Jon Conradt, especialista em TI do Instituto Gallup. Ele trabalhou diretamente com Don para desenvolver a plataforma digital e a pontuação algorítmica do teste. Ainda hoje, a maior parte do código original se mantém como a espinha dorsal da tecnologia do teste *CliftonStrengths – Descubra seus pontos fortes*.

Don resumiu todos os achados dessa pesquisa nos 34 temas de pontos fortes originais que se tornaram o *StrengthsFinder*, mais tarde renomeado como *CliftonStrengths*.

O trabalho de Clifton inspirou livros lidos por milhões de pessoas no mundo inteiro, como *Soar With Your Strengths* (Cresça com seus pontos fortes), de Don e Paula Nelson; *Strengths Based Leadership* (Liderança baseada em pontos fortes), de Tom Rath e Barry Conchie; *Descubra seus pontos fortes*, de Don Clifton e Marcus Buckingham; *CliftonStrengths for Students* (Descobrindo seus pontos fortes para estudantes), de Tom Matson; e um dos livros de negócios mais vendidos de todos os tempos, *Descubra seus pontos fortes 2.0*, de Tom Rath.

No fim da vida, Don foi homenageado com uma comenda presidencial da Associação Americana de Psicologia como pai da psicologia dos pontos fortes.

Depois de voltar da Segunda Guerra Mundial, a missão de

Clifton era contribuir com o desenvolvimento humano. Quando este livro foi escrito, mais de 21 milhões de pessoas já tinham descoberto seus pontos fortes com o teste *CliftonStrengths – Descubra seus pontos fortes*.

Don mudou o mundo.

SOBRE O GALLUP

O Gallup é uma empresa global de análise, assessoria e ensino que ajuda líderes a resolver os maiores problemas de sua organização.

O Gallup sabe mais sobre a vontade de funcionários, clientes, estudantes e cidadãos do que todas as outras instituições do mundo.

Oferecemos soluções, transformações e serviços em muitas áreas, como:

- Mudança de cultura
- Desenvolvimento de liderança
- Desenvolvimento de gestão
- Treinamento e cultura baseados na abordagem dos pontos fortes
- Estratégias para o crescimento orgânico
- Ferramentas de software "de chefe a coach"
- Atração e recrutamento de talentos para a equipe
- Planejamento de sucessões
- Sistema de gestão e classificação de desempenho
- Métrica refinada de desempenho
- Redução de defeitos e riscos de segurança
- Avaliação de programas internos
- Engajamento e experiência de funcionários
- Avaliação preditiva para contratações
- Previsão de retenções

- Criação de equipes ágeis
- Aprimoramento da experiência do cliente (B2B)
- Diversidade e inclusão
- Iniciativas de bem-estar

Para saber mais, entre em contato com o Gallup em www.gallup.com/contact.

AGRADECIMENTOS

Em meu nome e no de Don, gostaria de agradecer às pessoas que contribuíram para *Seu balde está cheio?*. Don faleceu antes que pudéssemos trabalhar nesta parte do livro, mas tenho certeza de que ele teria adorado a oportunidade de agradecer a todos os envolvidos. Este livro representa o conhecimento acumulado de centenas, talvez milhares, de mentes brilhantes.

Numa observação de cunho muito pessoal, eu gostaria de reconhecer o valor de uma pessoa dotada de uma fantástica capacidade de desenvolver pessoas: Shirley Clifton, a avó a que me refiro no Capítulo 4, que leu histórias e cuidou de mim durante toda a minha infância. Shirley sempre foi a minha professora preferida e é alguém que chamo com orgulho de minha melhor amiga. Shirley é aquela que sempre ajudou toda a nossa família a aprender, crescer e progredir.

Shirley é o pilar de uma família incrível e continua a nos inspirar até hoje. Esposa de Don por 58 anos, foi seu maior apoio, sua melhor amiga e uma fabulosa parceira de vida. Admiro o relacionamento dos dois mais do que qualquer outro. Don passou a vida estudando o que ia *bem,* e ter um casamento que definia a palavra *bem* sem dúvida foi fundamental.

A propósito, gostaria de agradecer à minha família pelo apoio na criação deste livro e, acima de tudo, por sua atuação amorosa em nossa vida. Todos os seus membros passaram a vida cuidando para que cada vez mais gente pudesse focar, a cada dia, no que era positivo. Este livro não seria possível sem a orientação e os estímulos de Connie Rath, Jim Clifton, Mary Reckmeyer e Jane Miller.

Seu balde está cheio? foi escrito por mais do que duas pessoas. Este livro é um produto de todos aqueles com quem trabalhamos ao longo dos anos – no Gallup e no meio acadêmico, entre outros.

Duas pessoas em particular dedicaram incontáveis dias para tornar este livro uma realidade. Geoff Brewer foi um brilhante editor e Piotrek Juszkiewicz trabalhou incansavelmente para assegurar que cada página saísse perfeita. Ambos são excepcionais amigos e parceiros.

A liderança de Larry Emond foi outro detalhe crucial para que este livro saísse. Suas ideias e visão geral foram inestimáveis. Tonya Fredstrom, Tom Hatton, Tosca Lee e Susan Suffes foram cruciais na revisão dos muitos rascunhos do livro. Kelly Henry, Paul Petters e Barb Sanford foram fantásticos copidesques, editores e verificadores de fatos. Molly Hardin, Kim Simeon e Kim Goldberg aprimoraram o projeto gráfico da edição original, e Christopher Purdy forneceu seu conhecimento especializado em design. Bret Bickel liderou a equipe composta por Matt Johnson, Cory Keogh, Swati Jain e Tiberius OsBurn.

Gostaríamos de agradecer também a alguns dos psicólogos e cientistas que tanto influenciaram nosso pensamento: Mihaly Csikszentmihalyi, Ed Diener, Barbara Fredrickson, Daniel Kahneman, Christopher Petersen e Martin Seligman.

Enquanto trabalhávamos nos vários rascunhos, as seguintes pessoas fizeram contribuições significativas: Vandana Allman, Chip Anderson, Debbie Anstine, Raksha Arora, Kelly Aylward, Cheryl Beamer, Irene Burklund, Jason Carr, Deb Christenson, Julie Clement, Curt Coffman, Barry Conchie, Jon Conradt, Christine Courvelle, Kirk Cox, Steve Crabtree, Michael Cudaback, Bette Curd, Larry Curd, Tim Dean, Renay Dey, Dan

Draus, Eldin Ehrlich, Sherry Ehrlich, Mindy Faith, Peter Flade, Gabriel Gonzalez-Molina, Sandy Graff, Trisha Hall, Jim Harter, Ty Hartman, Sonny Hill, Brian Hittlet, Tim Hodges, Alison Hunter, Mark John, Todd Johnson, Emily Killham, Jim Krieger, Jerry Krueger, Aaron Lamski, Julie Lamski, Steve Liegl, Curt Liesveld, Rosanne Liesveld, Sharon Lutz, Jan Meints, Jacque Merritt, Jan Miller, Brad Mlady, Andy Monnich, Pam Morrison, Gale Muller, Sue Munn, Jacques Murphy, Grant Mussman, Ron Newman, Eric Nielsen, Terry Noel, Matt Norquist, Mary Lou Novak, Steve O'Brien, Eric Olesen, David Osborne, Ashley Page, Rod Penner, Mark Pogue, Adam Pressman, Susan Raff, Jillene Reimnitz, John Reimnitz, Jason Rohde, Pam Ruhlman, Gary Russell, Robyn Seals, Cheryl Siegman, Gaylene Skorohod, Joe Streur, Ross Thompson, Rosemary Travis, Sarah Van Allen, Martin Walsh, Jason Weber, Kryste Wiedenfeld, John Wood, Al Woods e Warren Wright.

Por fim, gostaríamos de concluir agradecendo aos milhares de colegas e amigos do Instituto Gallup que dedicaram a vida ao estudo e ao ensino do que vai bem e em sua crença nessa ideia. Em meu nome e no de Don, nossa mais sincera gratidão por estarem conosco nessa missão de vida.

Um guia para aplicar

SEU BALDE ESTÁ CHEIO?

em equipes e organizações

Copyright

O presente documento contém pesquisas patenteadas, material protegido por direitos autorais e propriedade literária do Instituto Gallup. Destina-se apenas à orientação da sua empresa, não devendo ser copiado, citado, publicado ou divulgado a terceiros fora da sua organização. Gallup® é uma marca comercial do Instituto Gallup. Todas as outras marcas comerciais pertencem aos seus respectivos proprietários.

O presente documento é de grande valor tanto para a sua organização quanto para o Gallup. Assim, as leis e penalidades nacionais e internacionais que garantem a proteção de patentes, direitos autorais, marcas comerciais e segredos comerciais protegem as ideias, os conceitos e as recomendações aqui apresentados.

É proibido realizar qualquer alteração neste documento sem a permissão expressa, por escrito, do Instituto Gallup.

A Teoria do Balde e da Concha

Todos nós possuímos um balde invisível que se enche ou esvazia o tempo inteiro, dependendo do que os outros nos dizem ou fazem. Quando o nosso balde está cheio, nos sentimos ótimos. Causamos um impacto positivo no nosso local de trabalho. Quando está vazio, ficamos péssimos. Nós nos sentimos vazios.

Todo mundo possui também uma concha invisível. Sempre que dizemos ou fazemos algo que reforce as emoções positivas dos outros, acabamos enchendo também o nosso balde. Por outro lado, quando estamos negativos, ficamos utilizando essa concha para esvaziar o balde de alguém – enfraquecendo as suas emoções positivas.

Um balde cheio nos proporciona uma maneira positiva de ver as coisas e renova as nossas energias. Cada gota a mais dentro dele aumenta a nossa força e o nosso otimismo.

Um balde vazio envenena o nosso olhar, esgota as nossas forças e enfraquece a nossa vontade. É por isso que, sempre que alguém esvazia nosso balde, sentimos dor.

Entretanto, trata-se de uma via de mão dupla. Quando enchemos o balde do outro, estamos enchendo também o nosso. E quando esvaziamos o balde dos outros, o nosso também está sendo esvaziado. A cada momento do dia, todos os dias, deparamos com uma escolha: podemos encher os baldes uns dos outros ou esvaziá-los. É uma escolha crucial, com sérias consequências para os nossos relacionamentos, para a nossa produtividade, nossa saúde e nossa felicidade.

Descobertas de
Seu balde está cheio?

- Daniel Kahneman, cientista ganhador do Prêmio Nobel, explica que vivenciamos diariamente cerca de 20 mil momentos, o que significa que temos inúmeras oportunidades de encher o balde dos outros todos os dias.
- As pessoas normalmente se lembram de momentos positivos ou negativos, mas não de um encontro neutro. A proporção ideal para manter o equilíbrio entre os momentos positivos e os negativos é de cinco interações positivas para cada interação negativa.

Pesquisa do Gallup:

65% dos americanos afirmam não ter recebido reconhecimento algum no trabalho no último ano.

Uma cultura positiva no seu local de trabalho e na sua equipe

- Empresas líderes de mercado importam-se com as emoções positivas no local de trabalho porque a energia positiva pode aumentar a produtividade dos funcionários. Uma pesquisa do Gallup (apresentada em *Seu balde está cheio?*) demonstra que, ao desenvolver o reconhecimento e as emoções positivas, as organizações aumentaram o engajamento tanto da própria empresa quanto dos funcionários e melhoraram seu desempenho.
- Um estudo sobre reconhecimento realizado com mais de 10 mil negócios em mais de 30 setores revelou uma associação direta entre reconhecimento e elogios regulares e resultados de negócios específicos, como aumento da produtividade individual, maior lealdade e satisfação do cliente, melhores índices de segurança e redução dos acidentes de trabalho.

Como aproveitar ao máximo este guia

- Discuta com sua equipe a Teoria do Balde e da Concha. Estimule discussões sobre cada atividade. Algumas pessoas podem estar tendo a primeira oportunidade de refletir sobre o que enche seu balde ou sobre o impacto que causam nas outras pessoas.
- Incorpore a Teoria do Balde e da Concha às suas interações cotidianas, não apenas de forma eventual. Quanto mais as pessoas adotarem os conceitos, mais elas começarão a usar uma linguagem comum sobre o reconhecimento positivo. O poder dessa conexão ficará evidente.
- Adapte as atividades deste guia à sua equipe.

  - As atividades podem ser modificadas conforme sua necessidade, a fim de torná-las relevantes para seu grupo de trabalho.
  - Recorra ao conteúdo de *Seu balde está cheio?* para consultar outros exemplos e ideias para discussão. A leitura do livro é requisito básico para todos os membros da sua equipe.

SUMÁRIO

Cinco estratégias para tornar uma organização mais positiva

Primeira estratégia
Não deixe o balde esvaziar

Segunda estratégia
Foque no positivo

Terceira estratégia
Tenha um melhor amigo

Quarta estratégia
Faça coisas inesperadas

Quinta estratégia
Reformule a Regra de Ouro

PRIMEIRA ESTRATÉGIA: NÃO DEIXE O BALDE ESVAZIAR

O que é esvaziar o balde?

Nós esvaziamos o balde de alguém quando fazemos ou dizemos alguma coisa negativa sobre essa pessoa, ou até mesmo quando deixamos de fazer alguma coisa que poderia ter contribuído para encher o balde dela.

Como prevenir o esvaziamento de baldes na sua organização?

- Ensine aos seus colegas o conceito de esvaziar o balde.
- Chame atenção para atitudes que esvaziam ou enchem o balde.
- Promova ideias que possam estimular a positividade.
- Recompense atitudes positivas.

O que é encher o balde?

É mais do que reconhecimento. Envolve relações, tempo dedicado a atividades significativas e a oferta de experiências que ajudam cada pessoa a descobrir o que é importante e saber que sua vida tem sentido.

É essencial salientar que as pessoas podem encher o próprio balde e devem assumir a responsabilidade por atitudes que as fazem se sentir bem, ou "preenchidas". Nós nos sentimos bem, capazes de dar nosso melhor, quando nosso balde está cheio.

Aquilo que enche o balde de uma pessoa talvez não seja a mesma coisa que enche o balde de outra. É importante perguntar a cada uma o que enche seu balde, tornando o processo personalizado.

Exemplos e consequências de encher e esvaziar o balde

Muitas vezes enchemos o balde dos outros mesmo sem saber. Mas também podemos esvaziá-lo sem nos darmos conta. A atividade em equipe proposta a seguir pode dar o pontapé inicial em experiências reais de atitudes capazes de encher ou esvaziar o balde. Utilize a tabela da página seguinte para a atividade.

- Passo 1: Registre, individualmente, atitudes específicas que esvaziam seu balde. Anote as consequências no espaço abaixo. Em seguida, anote atitudes específicas que enchem seu balde, bem como suas consequências.
- Passo 2: Discuta com a equipe os exemplos citados, abordando também suas consequências.

Foco: Aumentar a conscientização sobre o conceito de energia positiva transporta a Teoria do Balde e da Concha para a nossa realidade. Esta atividade começa a traçar paralelos com a forma como já agimos e incentiva uma interação mais positiva.

Quais são as consequências de esvaziar e encher o balde?

Esvaziar o balde	Encher o balde
Atitudes	Atitudes
Consequências	Consequências

SEGUNDA ESTRATÉGIA: FOQUE NO POSITIVO

Crie listas de pessoas que focaram no positivo

- Em vez de elaborar uma lista dos funcionários que estão causando problemas, faça uma lista daqueles que estão exercendo um impacto positivo.
- Em vez de fazer uma lista dos funcionários que não se ofereceram para participar de alguma atividade, faça uma lista daqueles que se ofereceram.

Pode ser que tome mais tempo e, a princípio, pareça complicado, mas a verdade é que essa estratégia estimula os funcionários que fizeram algo certo. Aqueles que são sempre pontuais, que ajudam em outras funções e que superam as expectativas ficarão satisfeitos com o reconhecimento. E os que não estão nas listas entenderão a mensagem.

Escreva bilhetes de agradecimento semanais

- Toda semana acontece algo que merece um agradecimento. Notá-lo e fazer questão de agradecer é um bom hábito, e só isso já ocasionará uma mudança na cultura da organização. Pode parecer simples, mas o segredo é exatamente esse. Se precisar de ajuda para identificar as atitudes que merecem reconhecimento, anote-as durante a semana e reserve cinco minutos em um dia específico para redigir mensagens de agradecimento.

Observe o que as pessoas fazem bem

- Reserve um tempo para contar, classificar e medir o sucesso. Faça com que as pessoas definam metas e acompanhem as próprias conquistas. Encontre maneiras de recompensar e reconhecer suas vitórias. Manter o foco no que está indo bem encherá o balde de toda a organização.

Compartilhe a riqueza

- Fique de olho nas pessoas que costumam encher o balde das outras em seu escritório. Quem está sempre presente para agradecer? Quem mais anima a equipe? Reforce a boa vontade delas espelhando sua gratidão.

Se elas escrevem bilhetes para os colegas, escreva um bilhete para elas. Se procuram cumprimentar as pessoas pelo nome, retribua a gentileza. Conectar-se com os campeões de emoções positivas fará com que eles se fortaleçam, e os bons sentimentos se multiplicarão.

Acompanhe seu sucesso usando as pontuações de ganho

O que é pontuação de ganho?

- Pontuação de ganho é qualquer melhoria mensurável que você tenha feito. É algo que se pode contar, classificar ou avaliar.
- A pontuação de ganho ajuda a monitorar as melhorias ao longo do tempo.
- A pontuação de ganho ajuda a medir se os investimentos que você está fazendo são coerentes com suas metas profissionais e/ou organizacionais.

Exemplos de pontuação de ganho:

- Maior assiduidade nas reuniões de equipe.
- Diminuição das reclamações formais à gerência; os funcionários tomam a iniciativa para resolver problemas.
- Melhoria da cultura conforme o aumento do número de pessoas que se oferecem como voluntárias para executar tarefas.
- Aumento de elogios espontâneos de clientes.
- Aumento no número de bilhetes de agradecimento intencionais enviados e/ou recebidos por mês.

Planilha de pontuação de ganho

Acompanhamento do sucesso

Objetivo 1: _____
Como vou medir meu sucesso: _____
_____

Objetivo 2: _____
Como vou medir meu sucesso: _____
_____

Como as outras pessoas vão ficar sabendo do meu sucesso:
_____
_____
_____
_____

Como vou ficar sabendo em que os outros estão trabalhando e reconhecer suas conquistas:
_____
_____
_____
_____

TERCEIRA ESTRATÉGIA: TENHA UM MELHOR AMIGO

Veja bem, não estamos sugerindo que você conquiste no trabalho um melhor amigo para a vida inteira. Esta estratégia consiste em criar um ambiente propício ao desenvolvimento de relações com pessoas confiáveis, que sejam uma fonte de apoio. Pense no impacto dos melhores amigos: são pessoas com as quais você aprende, com as quais pode contar e que fazem você querer melhorar sempre.

Aqui estão algumas maneiras de estimular um ambiente de confiança:

- Comece a chamar pelo nome as pessoas que você encontra regularmente.
- Adquira o hábito de conversar com colegas durante o almoço ou nos intervalos.
- Descubra táticas específicas para encher o balde de cada pessoa.
- Uma maneira divertida de as pessoas se conhecerem melhor é convidando os colegas para um quiz. Você também pode usar o exercício Foco em Você, apresentado a seguir.

Foco em Você

Use a tabela a seguir para conhecer melhor as pessoas e vice-versa. Leve-a para reuniões e outros eventos em equipe. Modifique algumas perguntas. Que tal perguntar sobre um momento de inspiração, um programa de TV preferido ou uma realização recente?

Nome	Hobbies ou interesses especiais	Um talento ou ponto forte seu (por exemplo, alguma coisa na qual as pessoas o considerem bom)	Qual é a melhor maneira de encher o seu balde?

QUARTA ESTRATÉGIA: FAÇA COISAS INESPERADAS

- Para encher o balde, não é preciso seguir um roteiro ou um planejamento formal. Às vezes, as estratégias mais memoráveis de alguém ocorrem em encontros inesperados ou quando um familiar ou a pessoa amada volta para casa após um longo dia de trabalho.
- Qualquer um pode estimular a positividade no ambiente reconhecendo situações nas quais outras pessoas foram úteis ou fizeram um trabalho excepcional. Essa energia positiva pode gerar uma mudança cultural completa, em que todos passam a perceber e reconhecer os esforços significativos. De repente, as pessoas começam a buscar o feedback umas com as outras. Resultado: o reconhecimento não depende mais da presença de um gerente e não se limita a comentários oficiais em uma avaliação de desempenho no trabalho. E, o que é ainda melhor, o reconhecimento é mais frequente porque mais pessoas agora estão capacitadas a fazê-lo. Em outras palavras: o reforço positivo é contagiante.

Maneiras criativas de fazer coisas inesperadas

- Ofereça "gotas" ou bilhetes de agradecimento para coisas que notar ou apreciar (apresentamos um exemplo de gota neste guia).
- Dedique seu tempo a uma pessoa que esteja lhe pedindo ajuda, atenção ou conselhos.
- Faça elogios publicamente. Encontre outras oportunidades, além de cerimônias de premiação, para elogiar uma pessoa na presença de outras (mas antes tente saber se a pessoa gosta de ser elogiada em público).
- Cumpra seus compromissos.
- Ouça com atenção e lembre as coisas que as outras pessoas afirmam serem importantes para elas. Em seguida, tome atitudes para colocar em prática o que mencionaram.
- Dê aos outros o crédito pelas próprias contribuições no trabalho, em atividades ou programas.
- Faça o inesperado coletivamente. Reconheça uma equipe ao apontar o efeito que os membros do grupo exercem uns sobre os outros.
- Enfatize o que já foi feito. Destaque os comentários positivos dos clientes, publicando-os em um local visível por todos.

Como escrever uma gota

Gotas são mensagens pessoais escritas à mão em cartões. São uma maneira simples de dizer palavras gentis às pessoas, fazer coisas inesperadas e encher o balde de alguém.

AS GOTAS DEVEM SER INDIVIDUALIZADAS, ESPECÍFICAS E MERECIDAS

As gotas que não são merecidas diluem o impacto das merecidas. Ninguém gosta de receber elogios vazios. As gotas permitem que você reconheça até mesmo as menores contribuições ou melhorias.

Qualquer um pode fazer um elogio, desde que seja individualizado, específico e merecido. E todos podem e devem ser responsáveis por escrever elogios.

Uma gota
específica, individualizada e merecida

UMA GOTA
PARA O SEU BALDE

_____
_____
_____
_____
_____
_____
_____

GALLUP, INC. ® 1970

Avalie sua capacidade de encher o balde

Não estamos falando aqui da quantidade de gotas, mas da qualidade do reconhecimento que você oferece. Avalie sua capacidade de reconhecer o mérito das pessoas. Atribua a cada item uma nota de 1 a 5, sendo 1 "totalmente falso" e 5 "totalmente verdadeiro".

A pessoa mereceu o meu reconhecimento. ☐

O meu reconhecimento estava relacionado a algo específico. ☐

Individualizei o meu reconhecimento. Foi algo que a pessoa gostaria de receber. ☐

Descobri como a pessoa gosta de receber reconhecimentos (por exemplo, na presença de outras pessoas ou em particular). ☐

Avaliei qual seria o melhor momento para mostrar esse reconhecimento. ☐

Total ☐

Quanto maior for sua pontuação, maior a qualidade do reconhecimento.

Procure sempre aumentar sua pontuação.

QUINTA ESTRATÉGIA: REFORMULE A REGRA DE OURO

NÃO: Faça aos outros o que você gostaria que fizessem com você.

SIM: Faça aos outros o que ELES gostariam que você fizesse a eles.

O modo de encher o balde pode variar de uma pessoa para outra. É importante começar pensando em si mesmo, no que você gosta e no que os outros gostam. Refletir sobre o tipo específico de reconhecimento que cada um prefere talvez seja um conceito novo para você – e para muitas pessoas. É válido discutir essas ideias antes de explorá-las e refletir individualmente sobre elas.

Você só vai conseguir descobrir o que de fato enche o balde de outras pessoas perguntando a elas. É possível, sim, observá-las e tentar decifrar seu comportamento, mas o único método infalível é perguntar, e não presumir. Descobrir o que enche o balde das pessoas ao seu redor é uma maneira poderosa de transformar a cultura da sua equipe e da sua organização.

Qual tipo de reconhecimento você prefere?

NECESSIDADES ESPECÍFICAS

Classifique os itens a seguir usando o sinal de mais (+) para as formas preferidas e o sinal de menos (−) para as indesejadas. Use o número de sinais de + e/ou − que julgar necessário.

COMO PREFIRO SER RECONHECIDO
- Reconhecimento público, diante de um grupo grande
- Reconhecimento por escrito
- Reconhecimento privado
- Reconhecimento diante de familiares, amigos ou entes queridos
- Outros: _____

COMO DEMONSTRAR O RECONHECIMENTO
- Certificados
- Promoção ou um cargo que envolva mais responsabilidades
- Um cartão-presente que possa ser usado com familiares, amigos ou com outra pessoa importante
- Outros: _____

QUEM PRECISA FICAR SABENDO
- Meus colegas
- Meu chefe
- O executivo sênior da empresa
- Meus familiares, amigos ou a pessoa amada
- Outros: _____

Qual tipo de reconhecimento os outros preferem?

NECESSIDADES ESPECÍFICAS

Agora pense numa pessoa que você conhece. Classifique cada item usando o sinal de mais (+) para as formas preferidas e o sinal de menos (–) para as indesejadas. Use o número de sinais de + e/ou – que julgar necessário.

COMO PREFIRO SER RECONHECIDO
- Reconhecimento público, diante de um grupo grande
- Reconhecimento por escrito
- Reconhecimento privado
- Reconhecimento diante de familiares, amigos ou entes queridos
- Outros: _____

COMO DEMONSTRAR O RECONHECIMENTO
- Certificados
- Promoção ou um cargo que envolva mais responsabilidades
- Um cartão-presente que possa ser usado com familiares, amigos ou com outra pessoa importante
- Outros: _____

QUEM PRECISA FICAR SABENDO
- Meus colegas
- Meu chefe
- O executivo sênior da empresa
- Meus familiares, amigos ou a pessoa amada
- Outros: _____

Para saber mais sobre os títulos e autores da Editora Sextante,
visite o nosso site e siga as nossas redes sociais.
Além de informações sobre os próximos lançamentos,
você terá acesso a conteúdos exclusivos
e poderá participar de promoções e sorteios.

sextante.com.br